TABLE
DES
TITRES ET ARTICLES
Contenus dans cette Ordonnance.

TITRE PREMIER.

Articles de ce Titre.

TITRE II.

ARTICLES de ce Titre.

TITRE III.

ARTICLES de ce Titre.

TITRE IV.

ARTICLES de ce Titre.

TITRE V.

ARTICLES de ce Titre.

TITRE VI.

ARTICLES de ce Titre.

TITRE VII.

Des Exercices de théorie & de pratique dans les anciennes Écoles 85

ARTICLES de ce Titre.

Instruction

TITRE VIII.

ARTICLES de ce Titre.

TITRE IX.

ARTICLES de ce Titre.

TITRE X.

ARTICLES de ce Titre.

ORDONNANCE

ORDONNANCE DU ROI,

Concernant le Corps-royal de l'Artillerie.

Du 3 Novembre 1776.

DE PAR LE ROI.

SA MAJESTÉ s'étant fait repréſenter les Ordonnances antérieures, concernant ſon Corps-royal de l'Artillerie; & voulant faire connoître ſes intentions ſur la compoſition & le ſervice dudit Corps, Elle a ordonné & ordonne ce qui ſuit:

TITRE I.er

Compoſition du Corps-royal de l'Artillerie.

ARTICLE PREMIER.

Troupes du Corps-royal.

LES Troupes du Corps-royal, conſiſteront en ſept régimens & neuf compagnies d'Ouvriers; Sa Majeſté entend auſſi que les ſix compagnies de Mineurs, quoique faiſant un Corps particulier, continuent cependant à faire partie dudit Corps-royal, tant pour entretenir dans lesdites compagnies la discipline, l'ordre & l'esprit militaire qu'il est essentiel d'y conserver, que pour pouvoir procurer de l'avancement aux Officiers de ces compagnies.

Ces Troupes conserveront le rang qu'elles ont dans l'Infanterie.

2.

Officiers employés dans les Places.

INDÉPENDAMMENT des Officiers attachés aux Troupes ci-dessus, Sa Majesté entretiendra pour le service de l'Artillerie, cent vingt-sept Officiers; savoir, dix Inspecteurs généraux, dont un sous le titre de *premier Inspecteur du Corps;* six Commandans en chef des Écoles, Sa Majesté jugeant à propos de supprimer la septième École; vingt-deux Colonels-directeurs, vingt-sept Lieutenans-colonels, dont quatre Inspecteurs de manufactures d'armes; & vingt-trois Sous-directeurs: Sa Majesté entretiendra aussi soixante-deux Capitaines en premier, résidans dans les Places.

3.

Composition des régimens.

CHACUN des sept régimens, sera composé de deux bataillons de Canonniers & de Sapeurs, & de quatre compagnies de Bombardiers.

Composition des bataillons & des brigades.

Chaque bataillon sera formé de deux brigades, dont une sera composée de quatre compagnies de Canonniers, & l'autre de trois compagnies de Canonniers & d'une compagnie de Sapeurs.

Les quatre compagnies de Bombardiers formeront une cinquième brigade.

Chacune d'elles sera commandée par un Chef de brigade, dont le grade équivaudra à celui de Major, & lui en donnera le rang par-tout où il se trouvera.

4.

Officiers des compagnies de Canonniers & de Bombardiers.

CHAQUE compagnie de Canonniers & de Bombardiers, sera commandée en tout temps par un Capitaine en premier, un Lieutenant en premier, un Lieutenant en ſecond, & un en troiſième; ce dernier ſera tiré des Sergens-majors, & ſera toujours le dernier Lieutenant de la compagnie; il ne pourra prétendre qu'aux emplois de Quartier-maître & d'Aide-major.

5.

Officiers des compagnies de Sapeurs.

CHAQUE compagnie de Sapeurs, ſera commandée ſupérieurement par le Chef de la brigade dans laquelle elle ſe trouvera, il en ſera le Capitaine titulaire; & il ſera attaché à chacune de ces compagnies un Capitaine en ſecond, pour la commander dans tous les cas de ſervice, & en rendre au Capitaine titulaire les comptes que celui-ci en demandera. Ce Capitaine-commandant ſera, à la guerre & dans les places, le même ſervice que les Capitaines en premier.

Indépendamment du Chef de brigade & du Capitaine en ſecond, il ſera attaché à chacune de ces compagnies, trois Officiers ſubalternes, du même rang que ceux des compagnies de Canonniers & de Bombardiers.

6.

Compoſition des compagnies de Canonniers & de Sapeurs.

LES compagnies de Canonniers & de Sapeurs, ſeront compoſées d'un Sergent-major, quatre Sergens, un Fourrier, lequel n'exiſtera qu'en temps de guerre; quatre Caporaux, quatre Appointés, huit Canonniers ou Sapeurs de la première claſſe, ſeize de la deuxième, trente-deux Apprentis & un Tambour, formant ſoixante-onze hommes.

7.

Compoſition des compagnies de Bombardiers.

CHAQUE compagnie de Bombardiers, ſera compoſée d'un Sergent-major, quatre Sergens, un Fourrier, lequel n'exiſtera qu'en temps de guerre; quatre Caporaux, quatre Appointés, quatre Artificiers, quatre Bombardiers de la première claſſe, ſeize de la deuxième, trente-deux Apprentis & un Tambour, formant ſoixante-onze hommes.

8.

Diviſion des compagnies par eſcouades.

LES Caporaux, les Appointés, les Canonniers, Artificiers, Bombardiers ou Sapeurs, & les Apprentis de chacune desdites compagnies, seront distribués en quatre escouades; chacune desquelles sera commandée par un Sergent, un Caporal & un Appointé, & supérieurement par un Officier ou par un Sergent-major.

9.

SA MAJESTÉ ayant jugé à propos de créer, en vertu de la présente Ordonnance, dans chacun des régimens du Corps-royal, un Quartier-maître-trésorier & un Armurier; & dans chaque compagnie de Canonniers, Bombardiers, Sapeurs, Mineurs & Ouvriers, un Sergent-major, Elle supprime les deux Sous-aides-majors, le Quartier-maître, le Trésorier & les six Musiciens qui existent par régiment. Les Adjudans qui sont actuellement dans les compagnies, seront établis sous la dénomination de Lieutenans en troisième.

Composition de l'État-major.

Au moyen de ces dispositions, l'État-major de chacun des régimens du Corps-royal de l'Artillerie, sera composé d'un Colonel, un Lieutenant-colonel, cinq Chefs de brigade, un Major, un Aide-major, un Quartier-maître-trésorier, un Tambour-major, un Aumônier, un Chirurgien & un Armurier.

10.

Capitaines en second attachés à la suite des régimens.

IL sera attaché à la suite de chaque régiment, dix Capitaines en second, indépendamment des deux qui commandent les compagnies de Sapeurs.

11.

Fonctions des Colonels ou Lieutenans-colonels.

LES fonctions des Colonels & Lieutenans-colonels, autres que celles des Officiers de même grade dans l'Infanterie, seront détaillées aux Titres des différens services.

12.

Fonctions des Chefs de brigade.

LES Chefs de brigade & le Major, rouleront entr'eux pour le commandement du régiment, suivant leur ancienneté; ils commanderont sous l'autorité du Colonel & du Lieutenant-colonel, non-seulement les quatre compagnies dont leurs brigades seront composées, mais encore celles

celles qui y feront jointes quand le fervice l'exigera. Ils feront de plus fpécialement chargés de veiller à l'inftruction des Officiers de leurs brigades, de diriger leurs études, de fuivre leur progrès, de leur enfeigner les applications à faire de la théorie à la pratique, & enfin de leur donner toutes les connoiffances relatives aux opérations militaires & aux détails de l'Artillerie, qui ne font pas de la compétence des Profeffeurs de Mathématiques.

Ils rempliront, en guerre, les fonctions qui leur feront prefcrites, aux Titres *du fervice de campagne* & de celui *de fiége*.

Ceux des Chefs de brigade qui feront Capitaines titulaires des compagnies de Sapeurs, veilleront fupérieurement à la difcipline, à la tenue & au bien-être des Soldats de ces compagnies.

13.

Fonctions du Major.

LE Major roulera, pour le commandement du régiment, fuivant fon ancienneté, avec les Chefs de brigade, & au befoin, il remplacera ceux-ci dans leurs fonctions; il fera chargé, fous les ordres de fes Supérieurs, de diriger les exercices d'Infanterie & de veiller fur tous les détails de la Troupe.

14.

Fonctions & rang de l'Aide-major

L'AIDE-MAJOR fera perfonnellement chargé d'établir l'uniformité dans le fervice & les exercices d'Infanterie qui feront réglés pour les régimens du Corps-royal; il raffemblera les détails & les comptes que les Lieutenans en troifième lui rendront de chaque compagnie, pour en faire le rapport au Major.

Il fera de plus chargé fupérieurement du logement, du campement & des diftributions; & fera aidé dans ces dernières fonctions par le Quartier-maître-tréforier.

Il fera encore chargé de l'exécution des ordres du Confeil d'adminiftration, fur la confection de l'habillement, l'entretien & les menues réparations de la Troupe.

Cet Aide-major aura rang de Lieutenant en premier, & ne pourra prétendre à aucun autre avancement dans le Corps; mais il roulera, du jour de sa nomination à l'aide-majorité, avec les Capitaines en second des compagnies de Canonniers-invalides, pour parvenir au commandement desdites compagnies.

15.

Fonctions & rang du Quartier-maître-trésorier.

LE Quartier-maître-trésorier de chaque régiment, sera chargé de tenir les registres de recette & de dépense, & de recevoir l'argent qu'il déposera dans la caisse; il remplira aussi, sous l'Aide-major, les fonctions relatives aux logemens, aux campemens & aux distributions,

Il aura rang de Lieutenant en second, & ne pourra prétendre dans le Corps qu'à l'aide-majorité; & du jour de sa nomination, il roulera, ainsi que l'Aide-major, avec les Capitaines en second des compagnies de Canonniers-invalides, pour parvenir au commandement de ces compagnies.

16.

Fonctions des Capitaines en second.

LES Capitaines en second, autres que ceux des compagnies de Sapeurs, étant destinés, en temps de guerre, à être chargés des détails à la suite des différens équipages d'Artillerie, ils seront occupés pendant la paix, des objets qui peuvent perfectionner leur instruction; on les fera passer à cet effet dans les forges, manufactures d'armes, Arsenaux de constructions, fonderies; & dans les Places où il y aura des travaux ou de grands mouvemens, ils aideront les Officiers supérieurs chargés de ces différentes parties.

Les Capitaines en second des régimens qui feront la guerre, seront employés aux mêmes armées que ces régimens, à moins que des raisons particulières ne les rendent nécessaires à quelqu'autre service.

17.

LES Capitaines en premier devant être chargés particulièrement de l'instruction des Officiers & des Soldats, dans les exercices de théorie & de pratique d'Artillerie, Sa Majesté veut bien qu'ils ne le soient pas directement des objets qui concernent la tenue & la discipline, dont les Lieutenans en troisième seront spécialement chargés, & sur lesquels cependant ils seront obligés de veiller.

Fonctions des Capitaines en premier.

Quant aux exercices qui ont purement rapport à l'Infanterie, quoique les Lieutenans en troisième soient chargés de l'instruction du Soldat, les Capitaines & autres Officiers ne pourront se dispenser de commander ces exercices quand il leur sera ordonné.

Les Capitaines veilleront aussi avec beaucoup d'attention à tout ce qui pourra contribuer au bien-être des Soldats & à leur entretien; déclarant Sa Majesté qu'Elle fera punir sévèrement, suivant l'exigence des cas, tous ceux qui y auront apporté quelque négligence.

18.

Fonctions des Lieutenans en premier & en second.

CHACUN des Lieutenans en premier ou en second, sera spécialement chargé, ainsi qu'il a été dit, du commandement d'une des quatre escouades de la compagnie, dans tous les cas du service de l'Artillerie.

Sa Majesté les dispense de suivre habituellement les exercices d'Infanterie, ainsi que ce qui tient à la tenue & à la discipline, afin qu'ils puissent se livrer plus particulièrement aux objets propres à l'Artillerie.

Cependant le Capitaine aura attention de leur faire faire de temps en temps ces fonctions, afin qu'ils les connoissent bien, & qu'ils soient en état de les remplir au besoin.

19.

Fonctions des Lieutenan en troisième.

LES Lieutenans en troisième, commanderont, ainsi que les autres Officiers, une des escouades de la compagnie, dans tous les cas du service de l'Artillerie.

Ils seront subordonnés à l'Aide-major, & ils seront spécialement chargés de la tenue & de la discipline de la compagnie à laquelle chacun d'eux fera attaché, de remplir les fonctions dont les Officiers subalternes sont chargés dans les compagnies d'Infanterie, de rassembler les détails des Sergens, & enfin d'avoir attention à ce que les menues réparations soient faites à mesure & en conséquence des ordres du Conseil d'administration, se faisant aider dans ces fonctions par le Sergent-major; ils en rendront compte à l'Aide-major, après en avoir informé le Capitaine, ainsi que de tout ce qui se passera dans la compagnie concernant le service, la discipline & le bon ordre.

Ils feront, en bataille, aux siéges & aux écoles de pratique, le même service que les autres Officiers subalternes des compagnies.

Dans les cas de détachement d'un bataillon, d'une brigade ou de plusieurs compagnies, l'un des Lieutenans en troisième, au choix du Major, sera chargé de faire les fonctions d'Aide-major du détachement, & d'en rassembler les détails pour les reporter à celui du régiment.

20.

SA MAJESTÉ jugeant qu'il est indispensable que les Inspecteurs généraux de son Corps-royal, soient tirés dudit Corps; jugeant aussi que les fonctions qu'ils ont à remplir à la guerre, & même en temps de paix, exigent d'eux des forces qu'on ne pourroit attendre de leur âge, s'ils ne parvenoient à ce grade que par leur ancienneté: considérant de plus, que le service de l'Artillerie exige des talens, de l'application & des connoissances de tous les Officiers, sur-tout des Supérieurs, & que plusieurs d'entr'eux pourroient par leurs qualités prétendre à de nouveaux grades, pendant que leur âge ou leurs infirmités les mettroient hors d'état d'en remplir les fonctions; Elle entend que ces derniers ne soient nommés qu'à des grades ou emplois dont ils puissent s'acquitter, de manière à répondre à ses vues, en même temps qu'ils y trouveront des avantages particuliers: Elle les regardera dans lesdits emplois, comme des

des Officiers placés; mais Elle se réserve de marquer d'ailleurs sa satisfaction à ceux d'entr'eux que le seul défaut de forces aura fixés; son intention étant que dans son Corps-royal, l'avancement soit accordé au mérite & aux talens, de préférence à l'ancienneté.

21.

Choix des Officiers supérieurs.

SA MAJESTÉ choisira, d'après ce principe, parmi les Commandans d'École, les Officiers qui lui paroîtront le plus susceptibles d'être élevés au grade d'Inspecteur général.

Elle choisira de même les Commandans d'École parmi les Colonels, les Colonels parmi les Lieutenans-colonels, & ceux-ci parmi les Chefs de brigade ou Majors.

Sur cinq emplois de Chefs de brigade ou Majors, il en sera donné trois au choix & deux à l'ancienneté; bien entendu cependant que l'ancienneté ne sera un titre qu'autant que les infirmités ou le défaut d'aptitude au commandement ne l'exclueroient pas.

Les compagnies de Bombardiers seront données aux plus anciens Capitaines de Sapeurs des régimens dans lesquels elles vaqueront, & les places de Capitaines en second de Sapeurs au plus ancien Capitaine en second, attaché au régiment, à moins que les uns & les autres n'eussent démérité ou marqué de la négligence dans les emplois qu'ils auront exercés.

Les emplois de Capitaine en second & de Lieutenant en premier, seront donnés un tiers au mérite & les deux tiers à l'ancienneté. Ceux de Lieutenant en second seront donnés de même, tant qu'il subsistera des surnuméraires.

La nomination des Chefs de brigade ou Majors, commencera par les trois de choix; celles des Capitaines en second, Lieutenant en premier & Lieutenant en second de chaque régiment, commenceront aussi par le choix.

22.

POUR faire mieux connoître les Officiers propres à

TITRE I.er

Ordre à observer pour l'avancement des Capitaines en premier, & des Lieutenans.

remplir les différens emplois, le Commandant de l'École assemblera chaque année les Colonel, Lieutenant-colonel, Chefs de brigade & Major du régiment, pour désigner, sans aucun égard à l'ancienneté, à la pluralité des voix, parmi les Capitaines en premier, les trois sujets les plus dignes d'être élevés au grade de Chefs de brigade ou Major; & parmi les Lieutenans en premier & en second, ainsi que parmi les surnuméraires (tant qu'il en restera suffisamment) les trois sujets les plus dignes d'être avancés: chacun d'eux signera son avis, & ce choix sera remis par le Commandant de l'École à l'Inspecteur, lors de sa revue, lequel le remettra avec son avis au premier Inspecteur, pour en rendre compte au Secrétaire d'État de la guerre.

Quant aux Capitaines & Lieutenans d'Ouvriers, & aux Capitaines employés dans les forges ou manufactures, Sa Majesté se réserve de pourvoir à leur avancement, sur les comptes qui seront rendus par les Inspecteurs, d'après ceux que les Directeurs des Arsenaux où ces Officiers auront été employés, leur remettront par écrit.

L'avancement des Capitaines & Lieutenans de Mineurs, dépendra du compte qui sera rendu dans la même forme, de leur conduite & de leurs talens, par le Commandant de l'École de ce Corps, & par l'Inspecteur.

23.

Les Capitaines en second, & les Lieutenans, ne rouleront que dans leurs régimens, pour leur avancement.

LES Lieutenans en premier & en second, ne rouleront, pour leur avancement, que dans leurs régimens: Les Capitaines en second ne rouleront de même que dans le régiment auquel ils seront attachés, pour monter aux compagnies.

24.

Choix de l'Aide-major & du Quartier-maître-trésorier.

LORSQU'IL s'agira de choisir un Aide-major, tous les Officiers supérieurs du régiment, s'assembleront chez le Commandant de l'École, où chacun d'eux donnera sa voix par écrit; le choix ne pourra tomber que sur le Quartier-maître ou sur l'un des Lieutenans en troisième, sans aucun égard à l'ancienneté. Ceux des Chefs de brigade qui se trouveroient absens, seront remplacés par le plus ancien Capitaine de leur brigade.

Le Commandant de l'École adressera ces avis en original, avec le sien, à l'Inspecteur général, qui les fera passer, avec ses observations particulières, au premier Inspecteur, pour en rendre compte au Secrétaire d'État de la guerre.

Dans le cas où le régiment feroit la guerre, le choix se fera, comme il est prescrit ci-dessus, en remplaçant le Commandant de l'École par celui des Commandans en second de l'Artillerie, dans la division duquel se trouvera la plus forte partie du régiment: L'Inspecteur sera de même remplacé par le Commandant en chef de l'Artillerie.

On observera les mêmes formalités pour le choix du Quartier-maître-trésorier, qui sera pris, sans aucun égard à l'ancienneté, parmi les Lieutenans en troisième.

25.

Choix des Lieutenans en troisième.

LES Lieutenans en troisième devant être tirés des Sergens-majors, lorsqu'il vaquera une place de Lieutenant en troisième, les cinq Chefs de brigade & le Major s'assembleront chez le Lieutenant-colonel, pour, avec lui, choisir, à la pluralité des voix, trois sujets non mariés qu'ils croiront les plus propres à remplir la place vacante; observant cependant de donner la préférence, autant que faire se pourra, aux Sergens-majors de Canonniers, quand la place vaquera dans une compagnie de Canonniers; aux Sergens-majors de Bombardiers, quand elle vaquera dans une compagnie de Bombardiers ; & à ceux de Sapeurs, quand ce sera dans une compagnie de Sapeurs.

Le Lieutenant-colonel présentera l'élection des trois sujets au Colonel, qui remettra ladite élection au Commandant de l'École, avec son avis sur celui des trois sujets qu'il jugera le plus digne; & celui-ci fera passer le tout, avec son avis particulier, à l'Inspecteur général, qui l'adressera, avec ses observations, au premier Inspecteur, lequel en rendra compte au Secrétaire d'État ayant le département de la guerre. Dans le cas où cette élection se feroit à l'armée, & dans celui où quelque Chef de brigade seroit absent, les remplacemens des électeurs se feroit comme il est dit à l'article ci-dessus.

26.

Fonctions des Sergens-majors.

LE Sergent-major commandera la quatrième escouade de la compagnie aux Écoles & en bataille: Mais dans les siéges & dans les autres occasions du service, il ne sera employé aux batteries & aux détachemens, que dans le cas de nécessité, & lorsqu'il sera commandé.

Il aidera & suppléera le Lieutenant en troisième dans les détails du service & de la discipline; & sera chargé, sous son autorité, de l'instruction des Recrues.

Il sera de plus chargé, en temps de paix, à la place du Fourrier, du détail des subsistances, des distributions, du logement & de la propreté du quartier de sa compagnie.

27.

Fonctions des Sergens.

CHAQUE Sergent commandera une escouade sous l'autorité des Officiers de sa compagnie & du Sergent-major: Il l'exercera, la maintiendra en bonne discipline & police; & rendra compte au Sergent-major ou au Lieutenant en troisième de la compagnie, ainsi qu'il lui sera ordonné, de tous les détails qui concerneront ladite escouade.

28.

Fonctions des Fourriers.

LES Fourriers qui n'existeront qu'en temps de guerre, seront subordonnés à l'Aide-major & au Quartier-maître; ils seront chargés, sous leurs ordres, du détail de toutes les subsistances, des distributions, du logement, du campement, de la propreté du quartier & du camp, & de plus, suppléeront au besoin les Sergens de la compagnie.

29.

Fonctions des Caporaux.

LES Caporaux aideront les Sergens dans leurs fonctions; ils les remplaceront au besoin dans le commandement des

des escouades, & ils pourront eux-mêmes être suppléés par les Appointés, si les circonstances l'exigent.

30.

Choix des Sergens-majors.

POUR choisir un Sergent-major, le plus ancien Capitaine présent à la brigade où vaquera ladite place, assemblera les Lieutenans en troisième de ladite brigade, pour faire, parmi les Sergens de la brigade, le choix de quatre sujets qui aient au moins seize ans de service, ou qui, en temps de guerre, aient passé le centre des Sergens.

Ce premier choix sera porté au Chef de la brigade, qui assemblera les quatre Capitaines, ou, en leur absence, les Commandans des compagnies, pour, à la pluralité des voix, choisir entre ces quatre sujets, les deux qu'ils croiront les plus dignes.

Cette seconde élection sera remise au Colonel du régiment, qui, d'après l'avis de son État-major, nommera celui des deux qui devra remplir la place.

Dans le cas où il ne se trouveroit pas de sujets convenables, le même Chef de brigade sera autorisé à demander qu'il soit procédé, dans une autre brigade, à une pareille élection, à laquelle il présidera conjointement avec le Chef de la brigade d'où le sujet devra être tiré.

Les emplois de Sergens-majors, ne pourront jamais, pour quelque cause que ce soit, être donnés à des Sergens ou Fourriers convaincus d'avoir déserté.

31.

Choix des Sergens & Fourriers.

LORSQU'IL vaquera une place de Sergent ou de Fourrier dans une compagnie, le Sergent-major & les deux plus anciens Sergens de cette compagnie, le Sergent-major & le plus ancien Sergent de chacune des trois autres compagnies de la brigade dans laquelle la place sera vacante, s'assembleront pour indiquer, parmi les Caporaux, Appointés & Canonniers de la première classe, six sujets dans ladite brigade qui sachent lire & écrire, & qu'ils croiront les plus propres à remplir cette place; ils en porteront l'état au Chef de leur brigade, ou en son absence, au plus ancien Capitaine, lequel assemblera chez lui le plus ancien Officier présent au Corps, de chacune des quatre compagnies, pour choisir, à la pluralité des voix, trois sujets du nombre des six proposés : ce Chef les présentera ensuite au Commandant du régiment, qui nommera celui des trois qu'il jugera le plus propre à remplir la place vacante.

Lorsque deux compagnies se trouveront détachées ensemble, elles fourniront le même nombre d'Officiers, les deux Sergens-majors & six Sergens pour procéder à la nomination de trois sujets, sur lesquels le Commandant desdites compagnies prendra les ordres de son Chef de brigade.

Si le détachement n'étoit composé que d'une compagnie, & qu'il y eût une place de Sergent vacante, le Sergent-major & les Sergens indiqueront au Commandant de la compagnie, le nombre de sujets ci-dessus prescrit; & ce Commandant assemblera chez lui les autres Officiers de ladite compagnie, pour en choisir trois, sur lesquels il prendra de même les ordres de son Chef de brigade.

Si dans l'un ou l'autre cas, le détachement se trouvoit au-delà des Mers, comme alors le Commandant dudit détachement ne seroit pas à portée de prendre les ordres de son Chef de brigade, il fera élire, comme ci-devant, trois sujets, & il choisira & installera celui des trois qu'il croira mériter la préférence.

32.

Choix des Caporaux.

LORSQU'IL vaquera une place de Caporal ou d'Artificier, le Sergent-major, les Sergens & l'ancien Caporal de la compagnie où la place sera vacante, s'assembleront chez leur Capitaine pour élire trois sujets de ladite compagnie; le Capitaine les présentera au Chef de sa brigade, lequel en choisira un des trois, & le fera agréer par le Commandant du régiment. On aura attention, dans ces élections, de donner, à mérite égal, la préférence à l'ancienneté.

33.

Choix des Appointés & hautes-payes.

LES places d'Appointés appartiendront de droit aux plus anciens Canonniers, Artificiers, Bombardiers ou Sapeurs de chaque compagnie. A l'égard des Canonniers, Bombardiers & Sapeurs de la première classe, ils seront pris dans la compagnie où la place sera vacante, parmi ceux de la seconde classe : En conséquence, les deux premiers Officiers de ladite compagnie, & le Lieutenant en troisième, en présence du Chef de brigade, examineront le plus ancien des Soldats de la seconde classe; & s'il est jugé en état de bien remplir les fonctions de Chef de pièce, on lui donnera la place vacante dans la première classe; sinon on passera à l'examen du second, & ainsi de suite jusqu'à ce qu'on en trouve un qui soit en état d'occuper ladite place.

34.

Suppression d'une compagnie de Mineurs.

SA MAJESTÉ ayant réduit à six le nombre des compagnies de Mineurs, Elle supprime la septième, & Elle ordonne que les bas Officiers & Soldats en soient répartis dans les autres compagnies. Les bas Officiers & Mineurs serviront comme Surnuméraires dans leurs grades, jusqu'à la vacance des premières places, & ils jouiront, en attendant, de la paye qu'ils ont actuellement.

35.

Corps de Mineurs.

LES six compagnies de Mineurs, formeront un Corps particulier, & seront rassemblées dans l'École établie pour leur instruction, jusqu'à ce qu'il plaise à Sa Majesté de la détacher pour travailler aux contre-mines des Places.

36.

Composition des compagnies de Mineurs.

CHAQUE compagnie de Mineurs, sera commandée, en tout temps, par un Capitaine en premier, un Capitaine en second, un Lieutenant en premier, un Lieutenant en second, & un Lieutenant en troisième qui sera tiré des Sergens-majors ou Sergens; & elle sera composée d'un Sergent-major, qui aura la même autorité que ceux des régimens, quatre Sergens, huit Caporaux, huit Appointés, seize Mineurs, quarante-quatre Apprentis & un Tambour; en total, quatre-vingt-deux hommes.

37.

Formation des compagnies par escouades.

LES compagnies de Mineurs seront divisées en huit escouades, dont chacune sera commandée par un Caporal & un Appointé; deux escouades formeront une division qui, sera commandée par un Sergent; chacune de ces escouades sera partagée en deux demi-escouades, dont la première sera commandée par le Caporal, & la deuxième par l'Appointé.

38.

Commandant en chef des Mineurs.

CE Corps sera commandé en chef par celui des Officiers généraux du Corps-royal, que Sa Majesté jugera à propos de choisir pour lui en donner l'inspection, ainsi que la direction de l'École qui est affectée à ce Corps.

39.

Commandant en second des Mineurs.

LE Commandant en second, qui commandera en même temps l'École, sera choisi parmi les Capitaines: cet Officier, sans quitter sa compagnie, & sans autre grade que celui qu'il aura obtenu par ses services ou par son rang d'ancienneté dans le tableau général du Corps-royal de l'Artillerie, commandera sous l'autorité du Commandant en chef, Inspecteur dudit Corps; & à son défaut, l'Officier du Corps le plus élevé en grade, ou le plus ancien à grade égal, remplira sous la même autorité, les fonctions de Commandant, & il jouira pendant ce temps, du traitement particulier attaché à ce commandement.

40.

Choix & fonctions du Chef de Brigade des Mineurs.

SA MAJESTÉ, sans avoir égard à l'ancienneté, nommera pour Chef de brigade celui des Capitaines qui aura donné le plus de preuves de son aptitude à remplir cet emploi, avec lequel cet Officier conservera la charge qu'il aura dans le corps des Mineurs.

Ce Chef de brigade dirigera les études des Officiers, suivra leur progrès, les classera, & les conduira dans les applications

applications à faire de la théorie à la pratique, suivant les instructions qui seront données par le Commandant en chef.

41.

Fonctions & choix de l'Aide-major des Mineurs.

POUR que les Officiers de Mineurs soient moins distraits de l'application qu'ils sont obligés de donner à la théorie & à la pratique des mines, Sa Majesté veut bien qu'ils ne soient pas chargés directement dans leurs compagnies, des objets qui concernent la tenue, la discipline & les exercices qui ont purement rapport à l'Infanterie; en conséquence, Elle ordonne que l'Aide-major établi dans ce Corps, soit simplement Officier d'Infanterie; & que sans tenir à aucune compagnie, il fasse, sous l'autorité du Commandant, les fonctions de Major dans tout ce qui concerne la police, la discipline & le service de l'Infanterie, & qu'il veille sur-tout à ce que les Lieutenans en troisième, chargés de ces objets sous l'autorité de leurs Capitaines, ne les négligent point.

L'Aide-major des Mineurs sera choisi parmi les Lieutenans en troisième de ce Corps; ce choix se fera par les Capitaines en premier & en second, assemblés chez le Commandant en second du Corps, à qui ils remettront leur avis par écrit; ceux dont les compagnies seront détachées, lui enverront le leur : ce Commandant les fera passer, avec le sien, au Commandant en chef, qui en conséquence, proposera au Secrétaire d'État ayant le département de la guerre, le sujet qui lui paroîtra le plus digne d'être agréé par Sa Majesté.

42.

Fonctions & choix des Lieutenans en troisième des Mineurs.

LE Lieutenant en troisième sera dans sa compagnie, les mêmes fonctions, aura les mêmes prérogatives & les mêmes charges que ceux établis dans les régimens du Corps-royal de l'Artillerie.

Il fera à la mine le même service que les autres Officiers de la compagnie.

Lorſqu'il vaquera un emploi de Lieutenant en troiſième; le choix s'en fera ſur toutes les compagnies, parmi les Sergens-majors & Sergens non mariés qui auront ſeize ans de ſervice, ou qui, en temps de guerre, auront paſſé le centre des Sergens de leur compagnie. Ce choix ſe fera par les mêmes Officiers & dans la forme preſcrite pour l'Aide-major.

43.

Fonctions & choix du Sergent-major.

LE Sergent-major fera le ſervice à la mine dans les cas de néceſſité, & lorſqu'il lui ſera ordonné par le Commandant de la compagnie; mais il ſera ſpécialement chargé de faire faire au parc, les approviſionnemens néceſſaires pour les attaques de mines de ſa compagnie.

Il ſuppléera au beſoin le Lieutenant en troiſième, dans toutes les fonctions qui lui ſont attribuées.

Les Sergens-majors ſeront choiſis ſur toutes les compagnies qui ſeront enſemble, parmi les autres Sergens qui auront au moins ſeize ans de ſervice, ou qui, en temps de guerre, en auront paſſé le centre.

Le choix s'en fera, comme il eſt dit ci-deſſus, pour les Lieutenans en troiſième; à l'exception que le Commandant en ſecond nommera, d'après l'élection, avec l'agrément du Commandant en chef.

44.

Choix des Sergens.

LORSQU'IL vaquera une place de Sergent dans une compagnie, avec laquelle il s'en trouvera une ou pluſieurs autres, le Lieutenant en troiſième de la compagnie où la place ſera vacante, aſſemblera le Sergent-major & les deux plus anciens Sergens de ſa compagnie, les Sergens-majors & premiers Sergens de chacune des autres compagnies préſentes, pour choiſir parmi les Caporaux, Appointés & Mineurs, quatre ſujets qui ſauront écrire. Ils ſeront préſentés au Capitaine en ſecond, qui aſſemblera auſſi les Lieutenans de la compagnie, pour choiſir dans les quatre ſujets préſentés, les deux plus méritans; & le Capitaine en premier, avec l'agrément du Commandant en fecond, nommera celui des deux qui paroîtra mériter la préférence.

Si la compagnie eft feule, le premier choix fe fera par le Lieutenant en troifième, le Sergent-major & les autres Sergens de la compagnie; les fujets feront préfentés au Capitaine en fecond qui en agira comme il eft dit ci-deffus; mais dans tel lieu que foit la compagnie, le Sergent ne fera inftallé que du jour où l'on aura reçu l'approbation du Commandant en fecond.

Et dans le cas où il ne fe trouveroit pas dans la compagnie, de Soldat qui eût les qualités néceffaires pour bien remplir cette place, elle reftera vacante jufqu'à ce que quelque fujet s'en foit rendu capable.

45.

Choix des Caporaux & Appointés.

ON obfervera pour l'élection des Caporaux & Appointés, les formalités prefcrites pour celle des Sergens.

46.

Choix des Mineurs.

QUAND il s'agira de remplir une place de Mineur, le Sergent-major & les Sergens, avec les deux anciens Caporaux & les deux anciens Appointés de la compagnie, s'affembleront chez le Capitaine en fecond, ou en fon abfence, chez le premier des Lieutenans préfens, pour choifir trois fujets, fur lefquels le Capitaine en premier en nommera un pour remplir la place vacante.

47.

Fonctions des bas Officiers de Mineurs.

LES Sergens-majors, Sergens, Caporaux & Appointés du corps des Mineurs, feront chargés dans leur compagnie, quant aux objets qui concernent la tenue, la difcipline & les exercices d'Infanterie, des mêmes fonctions qui font prefcrites à ceux de leurs grades dans les régimens du Corps-royal, par les articles 26, 27 & 29 du préfent Titre.

48.

Les Officiers de Mineurs fixés dans leur fervice.

SA MAJESTÉ voulant empêcher que le defir de percer dans les régimens du Corps-royal, ne détourne les Officiers de Mineurs, de la partie importante dont ils sont chargés, Elle a ordonné qu'ils ne rouleront qu'entr'eux seulement, pour parvenir aux compagnies du corps des Mineurs, lesquelles ne seront accordées, ainsi que les grades subalternes à l'ancienneté, qu'autant qu'elle se trouvera jointe au mérite: se réservant néanmoins Sa Majesté de faire passer les Officiers de Mineurs aux emplois des régimens, & réciproquement les Officiers des régimens aux emplois de Mineurs, autres que celui de Capitaine en premier, suivant leurs grade & ancienneté dans le Corps-royal, dans les cas particuliers où le bien de son service pourroit l'exiger.

49.

Ils participeront à l'avancement & aux traitemens du Corps-royal.

QUOIQUE suivant l'article précédent, les Officiers de Mineurs ne puissent quitter la partie des mines pour remplir d'autres emplois dans le Corps-royal, que quand Sa Majesté le jugera convenable au bien de son service; son intention étant cependant de les traiter aussi favorablement que ceux des régimens dudit Corps-royal, Elle ordonne que les Officiers de Mineurs qui seront parvenus au grade de Capitaine, rouleront avec les Capitaines desdits régimens, pour parvenir aux grades supérieurs du Corps-royal, sans cependant quitter leurs emplois ni leurs fonctions dans le corps des Mineurs.

En conséquence, les Officiers de Mineurs obtiendront, par leurs services ou par leur ancienneté dans le Corps-royal, tous les traitemens, appointemens & retraites accordés aux autres Officiers du Corps-royal, & tous les grades militaires, même ceux d'Officiers généraux, avec lesquels ils conserveront leur compagnie, & continueront d'être attachés à la partie des mines, jusqu'à ce que Sa Majesté juge à propos de leur donner d'autres fonctions. Dans ce cas, soit que des Officiers de Mineurs passent dans les régimens, ou que des Officiers des régimens passent dans les Mineurs, on observera de rétablir, autant que faire se pourra, l'équilibre dans l'avancement des différens

régimens

régimens, s'il se trouvoit qu'il eût été trop dérangé par des circonstances autres que celles de la guerre.

50.

Compagnies d'Ouvriers, aux ordres des Directeurs d'Arsenaux.

LES neuf compagnies d'Ouvriers seront distribuées, pendant la paix, dans les Arsenaux de construction, suivant les ordres que Sa Majesté donnera à ce sujet; ces compagnies seront subordonnées aux Directeurs desdits Arsenaux, pour leur service, police & discipline; les Officiers desdites compagnies feront partie de ceux des directions, & rendront compte aux Directeurs de tous les détails dont ils seront chargés, conformément au Règlement particulier arrêté par Sa Majesté pour règler leur service & leurs fonctions.

51.

Composition des compagnies d'Ouvriers.

CHAQUE compagnie d'Ouvriers sera commandée en tout temps, par un Capitaine en premier, un Capitaine en second, un Lieutenant en premier & un Lieutenant en troisième; & composée d'un Sergent-major, de cinq Sergens, cinq Caporaux, cinq Appointés, quinze Ouvriers de la première classe, quinze Ouvriers de la seconde, vingt-quatre Apprentis & un Tambour; en total, soixante-onze hommes. Sa Majesté se réserve d'augmenter, suivant le besoin, celles de ces compagnies qu'Elle jugera à propos.

52.

Proportion établie entre les différentes Professions des Ouvriers desdites compagnies.

DU nombre des cinq Sergens de chacune desdites compagnies d'Ouvriers, deux, autant que faire se pourra, seront Forgeurs ou Serruriers, deux Charrons & un Charpentier ou Menuisier; & en supposant chaque compagnie composée de cinquante-cinq Caporaux, Appointés, Ouvriers & Apprentis, il y aura vingt-six Forgeurs ou Serruriers, dix-huit Charrons & onze Charpentiers, parmi lesquels trois Menuisiers: Et dans tous les cas, les escouades seront proportionnées à ces nombres, autant qu'il sera possible.

TITRE I.er

53.

Division des compagnies d'Ouvriers par escouades.

LES Forgeurs & Serruriers de chaque compagnie, formeront deux escouades; les Charrons en formeront également deux, & les Charpentiers n'en formeront qu'une; chacune de ces cinq escouades sera commandée, autant qu'il sera possible, par un Sergent du même métier.

54.

Fonctions & choix des Lieutenans en troisième d'Ouvriers.

LES Lieutenans en troisième d'Ouvriers, rempliront dans ces compagnies, les mêmes fonctions que les Lieutenans en troisième des régimens.

Ils rempliront en outre, celles qui leur sont attribuées par le règlement des Arsenaux de construction.

Ces Officiers seront choisis parmi les Sergens-majors ou Sergens non mariés de ces compagnies, qui auront au moins seize ans de service, ou qui, en temps de guerre, auront passé le centre des Sergens de leur compagnie.

Pour en faire le choix, le Capitaine en premier & les autres Officiers de ladite compagnie, s'assembleront chez le Directeur de l'Arsenal, à l'effet de choisir un sujet propre à remplir cette place. Le Directeur présidera à cette élection, qui pourra se faire, tant parmi les Sergens de la compagnie où la place sera vacante, que dans les autres compagnies qui pourront se trouver dans la même direction; & dans ce dernier cas, le Directeur appellera à cette élection, les Officiers de ces autres compagnies, pour y avoir voix délibérative. Ils donneront tous leur avis par écrit, & le Directeur les fera passer en original avec le sien à l'Inspecteur général, qui les adressera, avec ses observations particulières, au premier Inspecteur, qui en rendra compte au Secrétaire d'État ayant le département de la guerre, pour le faire agréer par Sa Majesté; & s'il ne se trouvoit pas de sujet qui eût toutes les qualités requises pour être élevé au grade d'Officier, le Directeur en rendra compte à l'Inspecteur, & la place restera vacante jusqu'à ce qu'il se soit fait connoître quelque sujet capable de la remplir.

Les Lieutenans en troisième, ne pourront prétendre à passer, en vertu de leur ancienneté, à la Lieutenance en premier desdites compagnies, qu'autant qu'ils l'auront mérité par des talens supérieurs & des services distingués; mais ceux d'entr'eux qui auront obtenu cette récompense, ne pourront prétendre aux emplois de Capitaine en second, lesquels seront réservés aux Lieutenans des régimens du Corps-royal.

55.

Fonctions & choix des Sergens-majors d'Ouvriers.

LES Sergens-majors rempliront dans les compagnies d'Ouvriers, les mêmes fonctions que les Sergens-majors des régimens.

Lorsque lesdites fonctions ne les obligeront pas de quitter les ateliers, ils s'y tiendront exactement pour surveiller les travaux, conjointement avec le Lieutenant en troisième; ils ne pourront prétendre au supplément de solde accordé aux autres Sergens, par le règlement concernant les Arsenaux de construction.

Le choix de ces Sergens-majors ne pouvant se faire que sur une ou deux compagnies, Sa Majesté restreint à douze les seize années de service qu'Elle exige pour les Sergens-majors des autres compagnies du Corps-royal.

On observera pour cette élection, les mêmes formalités que pour celle du Lieutenant en troisième, à l'exception que l'agrément de l'Inspecteur consommera l'élection.

56.

Fonctions & choix des Sergens d'Ouvriers.

LES Sergens d'Ouvriers, rempliront dans ces compagnies les fonctions que remplissent les Sergens des compagnies des régimens par rapport aux détails de la troupe. Ils auront en outre celles qui leur sont assignées dans le règlement concernant les Arsenaux de construction.

Pour en faire le choix, le Sergent-major & les autres Sergens de la même compagnie, s'assembleront pour indiquer trois ſujets qui ſachent écrire, qui aient au moins huit ans de ſervice, & qu'ils croiront les plus propres à remplir la place vacante. Le Capitaine en premier, ou en ſon abſence le Commandant de ladite compagnie, choiſira, de concert avec tous les autres Officiers préſens, celui des trois qui paroîtra mériter la préférence, & il le propoſera au Directeur de l'Arſenal pour être agréé; & dans le cas où ce Directeur, ou les Officiers de cette compagnie ne trouveroient pas de ſujet digne, par ſa conduite & ſes talens, de remplir cette place, elle reſtera vacante juſqu'à ce qu'il s'en ſoit formé quelqu'un.

57.

Choix des Caporaux, Appointés, premiers & ſeconds Ouvriers.

LORSQU'IL s'agira de remplir des places de Caporal, d'Appointé & d'Ouvrier de la première & de la ſeconde claſſe, on élira les ſujets deſtinés à les remplir, de la manière preſcrite pour le choix des Sergens.

58.

Les Officiers d'Ouvriers, rouleront avec ceux des régimens.

L'INTENTION de Sa Majeſté étant qu'il y ait le plus que faire ſe pourra, d'Officiers du Corps-royal inſtruits dans les conſtructions d'attirails & dans les détails du Parc & des Places, Elle veut que les Officiers qui ſeront choiſis par leurs talens, pour être attachés aux compagnies d'Ouvriers, ne ſoient pas fixés à ce ſeul ſervice, mais qu'ils paſſent ſucceſſivement aux autres emplois du Corps-royal.

59.

Comment ils ſortiront des régimens, & comment ils y rentreront.

SA MAJESTÉ voulant auſſi que les Officiers des compagnies d'Ouvriers ne perdent pas de vue les autres parties du ſervice de l'Artillerie, Elle entend que les Lieutenans en premier deſdites compagnies, ſoient choiſis parmi les Lieutenans en premier ou les anciens Lieutenans en ſecond des régimens; que les Capitaines en ſecond deſdites compagnies, ſoient choiſis parmi les derniers Capitaines en ſecond ou les premiers Lieutenans de chaque régiment; & que

& que les Capitaines en premier des compagnies d'Ouvriers, soient choisis parmi les Capitaines de Bombardiers, ou parmi les anciens Capitaines en second desdits régimens & compagnies.

Les Officiers qui auront eu les compagnies d'Ouvriers, repasseront dans les régimens pour y exercer les charges de Chef de brigade ou de Major, quand ils seront jugés capables de bien remplir ces emplois.

Les Lieutenans d'Ouvriers qui parviendront au grade de Capitaine, seront attachés de préférence, comme Capitaines en second, au commandement des compagnies de Sapeurs ou à la suite des Écoles, pour y reprendre les exercices dont ils auront été privés par leur service dans les Ouvriers.

L'intention de Sa Majesté est que dans le passage des Officiers d'Ouvriers aux régimens, & des régimens aux compagnies d'Ouvriers, on rétablisse, autant que faire se pourra, l'équilibre dans l'avancement des différens régimens, ainsi qu'il a été dit pour les compagnies de Mineurs.

60.

Service des Officiers supprimés ou surnuméraires dans les régimens & compagnies du Corps-royal.

LES Officiers dont, par la présente Ordonnance, les emplois se trouveront supprimés dans les régimens ou compagnies du Corps-royal, y reprendront d'autres emplois suivant leurs rang & ancienneté, & les surnuméraires attendront qu'ils puissent y être employés dans leur grade; jusque-là ils y feront le service du grade inférieur au leur : de sorte que les Capitaines en second surnuméraires, feront dans ce Corps le service de Lieutenant en premier; les Lieutenans en premier, celui de Lieutenant en second; & les Lieutenans en second, celui de Lieutenant en troisième : observant cependant qu'il reste, quant-à-présent, dans chaque brigade un Lieutenant en troisième tiré du corps des Sergens; ceux des Lieutenans en second qui excéderont ce remplacement, feront employés comme surnuméraires.

TITRE I.er

61.

Rang des Officiers du Corps-royal, qui ne seront point attachés aux Troupes.

Le premier Inſpecteur, les neuf autres Inſpecteurs, les ſix Commandans d'École & les cent onze autres Officiers qui ne ſont point attachés aux Troupes du Corps-royal, ſeront le ſervice entr'eux & avec ceux desdites Troupes ſuivant leurs grade & ancienneté. Sa Majeſté ſe réſerve, lorſque les circonſtances l'exigeront pour le bien de ſon ſervice, de faire paſſer des Places dans les Régimens, tant les Officiers ſupérieurs que les Capitaines en premier chargés des forges, fonderies ou manufactures, & de faire remplacer ces Officiers par ceux des régimens; mais Elle entend que les Capitaines placés en réſidence ne rentrent plus dans les régimens & ne puiſſent prétendre à d'autre avancement que celui que pourroient leur procurer les circonſtances de la guerre.

62.

Leurs prérogatives.

Tous les Officiers du Corps-royal, détachés aux Armées ou employés dans les Places, jouiront des mêmes honneurs, prérogatives & commandemens attribués à ceux qui feront attachés aux régimens dudit Corps.

63.

Fonctions du premier Inſpecteur.

Le premier Inſpecteur ſera chargé de mettre l'enſemble & l'uniformité, tant dans le ſervice & l'inſtruction des Troupes du Corps-royal, que dans les conſtructions qui ſe font dans les arſenaux, fonderies, forges & manufactures; les neuf autres Inſpecteurs, feront en conſéquence avec lui le travail de leur inſpection, & le premier Inſpecteur en rendra compte au Secrétaire d'État ayant le département de la guerre : ce ſera lui qui fera paſſer aux Inſpecteurs, les ordres & inſtructions que le Secrétaire d'État donnera chaque année pour leur inſpection.

64.

Fonctions des Inſpecteurs généraux.

Les départemens dont les Inſpecteurs généraux du Corps-royal devront faire l'inſpection, leur ſeront aſſignés tous les ans; & les Officiers du Corps-royal, qui ſeront employés dans chacun de ces départemens, leur rendront compte pendant toute l'année, des opérations dont ils seront chargés.

Ces Inspecteurs généraux, visiteront, tous les ans au moins, les principales Places de leurs départemens, & sur-tout celles où il y aura des travaux ordonnés; ils prendront connoissance des réparations, constructions & approvisionnemens faits ou à faire, & verifieront la capacité & bonne conduite des Officiers qui y seront détachés, ainsi que des Gardes d'Artillerie & autres Employés; ils inspecteront les régimens du Corps-royal & les compagnies d'Ouvriers, & tiendront la main à ce que le meilleur ordre possible soit établi & entretenu dans les Manufactures, ainsi que dans les Arsenaux de construction & autres; ils rendront compte du tout au premier Inspecteur, après leur inspection finie; & si dans le cours de cette inspection, ils sont dans le cas de donner quelqu'ordre ou décision sur des objets qui n'auroient pas été prévus par leur instruction, ils en informeront sur le champ, le premier Inspecteur, ainsi que le Secrétaire d'État ayant le département de la guerre, quand ils le croiront nécessaire.

65.

Prérogatives des Inspecteurs.

LES Inspecteurs généraux d'Artillerie, jouiront, suivant leur grade, dans l'étendue de leurs départemens pendant tout le temps qu'ils y résideront, des honneurs, prérogatives & prééminences dont jouissent les autres Officiers généraux des Troupes de Sa Majesté, lorsqu'ils sont en fonctions.

66.

Fonctions des Commandans d'École.

LES Commandans d'École auront toute autorité & commandement sur les régimens qui seront auxdites Écoles; ils en règleront le service & les différentes instructions, & ils se feront rendre compte de tout ce qui concerne la Troupe même, jusque dans ses plus petits détails lorsqu'ils le jugeront à propos: ils en feront souvent des revues & inspections. Ce sera par eux que les ordres relatifs au ſervice, à la diſcipline & à l'adminiſtration, parviendront aux régimens.

Ils auront de même toute autorité ſur tous ceux qui ſeront attachés aux Écoles.

Ils en rendront compte aux Inſpecteurs généraux des départemens, & pour les néceſſités du ſervice de leurs Écoles, ils s'adreſſeront directement au Secrétaire d'État ayant le département de la guerre.

Quant à ce qui regarde la police & la diſcipline, ils prendront les ordres des Officiers généraux des diviſions avec leſquels ils ſeront.

67.

Fonctions des Directeurs, Sous-directeurs & Capitaines employés dans les Places.

LES fonctions des Directeurs, Sous-directeurs & Capitaines employés dans les Places, ſe trouveront au Titre du *ſervice des Places.*

68.

Fonctions & nombre des Commiſſaires des guerres & du Corps-royal.

LES fonctions des Commiſſaires des guerres & du Corps-royal, ſe trouveront aux Titres du *ſervice des Places*, du *ſervice de Campagne* & du *ſervice des Siéges.*

Ces Commiſſaires continueront d'être au nombre de quinze, & de jouir des honneurs, autorités, droits & prérogatives attribués aux Commiſſaires ordinaires des guerres.

69.

Emplois de Garde d'Artillerie & Artificiers, par qui remplis.

LES emplois de Garde-magaſins d'Artillerie qui vaqueront, ſeront remplis par des Aide-majors, Quartier-maîtres ou Lieutenans en troiſième, ou par des Sergens-majors, Sergens ou Fourriers choiſis dans le Corps-royal de l'Artillerie, ou enfin par des Conducteurs du charroi, choiſis de même parmi ceux qui auront ſervi à la ſuite des équipages employés à la guerre; & les emplois d'Artificiers dans les Places, ſeront remplis de préférence par les Lieutenans en troiſième des compagnies de Bombardiers, ou par des Sergens-majors ou Sergens qui auront mérité

mérité cette récompenſe par leurs talens & leurs bons ſervices. Sa Majeſté défend expreſſément de propoſer tout autre ſujet pour ces emplois, ſous quelque prétexte que ce ſoit.

Les Officiers qui occuperont les places d'Artificiers, auront le titre d'Officiers de Bombardiers attachés auxdites places.

70.

Les quatre deniers pour livre, payés par la caiſſe des Régimens.

SA MAJESTÉ voulant traiter les Officiers & Soldats des régimens & compagnies du Corps-royal, comme Elle a traité ceux des autres Troupes, Elle entend qu'ils jouiſſent de leurs appointemens & ſolde, ſans aucune retenue, ſoit pour les quatre deniers pour livre, ſoit pour la capitation ou toute autre dépenſe; ſon intention étant que leſdits objets ſoient acquittés ſur la Maſſe générale qui ſera établie pour leſdits régimens & pour leſdites compagnies.

En conſéquence de ces diſpoſitions, Sa Majeſté ſupprime le traitement qui avoit été réglé précédemment pour le temps de guerre, ſe propoſant d'accorder aux Officiers, & particulièrement à ceux des régimens & compagnies qui ſeront deſtinés à entrer en campagne, quelques mois d'appointemens en gratification, & de leur procurer d'ailleurs à la fin de chaque campagne, les ſecours que les circonſtances, la nature de leurs ſervices & leur zèle pourront leur faire mériter.

Sa Majeſté eſt également diſpoſée à accorder aux bas Officiers & Soldats de ſon Corps-royal, une ou deux paires de ſouliers en gratification, proportionnément aux fatigues qu'ils auront éprouvées.

71.

Appointement & ſolde.

SA MAJESTÉ ayant réglé une paye en tout temps pour les régimens, compagnies de Mineurs & d'Ouvriers de ſon Corps-royal de l'Artillerie, ainſi que pour les Officiers employés dans les Places, Elle veut que les appointemens & solde leur soient payés sur le pied :

Savoir;

OFFICIERS DES COMPAGNIES.	Par Jour.	Par Mois.	Par An.
A chacun des deux plus anciens Capitaines de Canonniers de chaque régiment, sept livres dix sous par jour, ci	7ᵗᵗ 10ˢ //ᵈ	225ᵗᵗ //ˢ //ᵈ	2700ᵗᵗ
A chacun des douze autres Capitaines de Canonniers, six livres treize sous quatre den. ci	6. 13. 4	200. // //	2400.
A chacun des quatre Capitaines de Bombardiers, six livres deux sous deux deniers deux tiers, ci	6. 2. $2\frac{2}{3}$	183. 6. 8	2200.
Au plus ancien Capitaine de Mineurs, & au plus ancien Capitaine d'Ouvriers, sept liv. dix sous, ci	7. 10. //	225. // //	2700.
A chacun des autres Capitaines de Mineurs & d'Ouvriers, six livres treize sous quatre deniers, ci	6. 13. 4	200. // //	2400.
A chacun des Capitaines en second des compagnies de Sapeurs, de Mineurs & d'Ouvriers, quatre liv. trois sous quatre den. ci	4. 3. 4	125. // //	1500.
A chacun des Lieutenans en premier des régimens & des compagnies de Mineurs & d'Ouvriers, deux livres douze sous neuf den. un tiers, ci	2. 12. $9\frac{1}{3}$	79. 3. 4	950.
A chacun des Lieutenans en second des régimens & des compagnies de Mineurs, deux livres quatre sous cinq deniers un tiers, ci	2. 4. $5\frac{1}{3}$	66. 13. 4	800.
A chacun des Lieutenans en troisième, deux livres six sous huit deniers, ci	2. 6. 8	70. // //	840.
COMPAGNIES DE CANONNIERS, BOMBARDIERS & SAPEURS.			
A chaque Sergent-major, une livre dix sous par jour, ci	1. 10. //	45. // //	540.
A chaque Sergent ou Fourrier, une livre dix deniers, ci	1. // 10	31. 5. //	375.
A chaque Caporal, quatorze sous huit deniers, ci	// 14. 8	22. // //	264.
A chaque Appointé, onze sous huit den. ci	// 11. 8	17. 10. //	210.

	Par Jour.	Par Mois.	Par A
A chaque Artificier, dix ſous huit den. ci.	″ ₶ 10ſ 8d	16₶ ″ſ ″d	192₶
A chaque Canonnier, Bombardier & Sapeur de la première claſſe, neuf ſous huit den. ci.	″ 9. 8	14. 10. ″	174.
A chaque Canonnier, Bombardier & Sapeur de la ſeconde claſſe, ſept ſous dix den. ci...	″ 7. 10	11. 15. ″	141.
A chaque Canonnier, Bombardier & Sapeur apprenti, ſix ſous dix deniers, ci........	″ 6. 10	10. 5. ″	123.
A chaque Tambour, neuf ſous huit den. ci.	″ 9. 8	14. 10. ″	174.
COMPAGNIES DE MINEURS.			
A chaque Sergent-major, une livre dix ſous par jour, ci..................	1. 10. ″	45. ″ ″	540.
A chaque Sergent, une livre dix den. ci..	1. ″ 10	31. 5. ″	375.
A chaque Caporal, quatorze ſous huit deniers, ci......................	″ 14. 8	22. ″ ″	264.
A chaque Appointé, onze ſous huit den. ci.........................	″ 11. 8	17. 10. ″	210.
A chaque Mineur, dix ſous huit deniers, ci.........................	″ 10. 8	16. ″ ″	192.
A chaque Apprenti, ſept ſous dix deniers, ci.........................	″ 7. 10	11. 15. ″	141.
A chaque Tambour, neuf ſous huit den. ci.........................	″ 9. 8	14. 10. ″	174.
COMPAGNIES D'OUVRIERS.			
A chaque Sergent-major, une livre ſeize ſous huit deniers, ci..................	1. 16. 8	55. ″ ″	660.
A chaque Sergent, une livre dix den. ci.	1. ″ 10	31. 5. ″	375.
A chaque Caporal, dix-huit ſous deux deniers, ci......................	″ 18. 2	27. 5. ″	327.
A chaque Appointé, ſeize ſous deux den. ci.........................	″ 16. 2	24. 5. ″	291.
A chaque Ouvrier de la première claſſe, quinze ſous deux deniers, ci...........	″ 15. 2	22. 15. ″	273.
A chaque Ouvrier de la ſeconde claſſe, douze ſous deux deniers, ci...........	″ 12. 2	18. 5. ″	219.
A chaque Apprenti, dix ſous deux den. ci.........................	″ 10. 2	15. 5. ″	183.
A chaque Tambour, neuf ſous huit den. ci.........................	″ 9. 8	14. 10. ″	174.

ÉTAT-MAJOR DES RÉGIMENS.	PAR JOUR.			PAR MOIS.			PAR AN.
Au Colonel de chaque régiment, treize livres six sous huit deniers par jour, ci . .	13#	6s	8d	400#	//s	//d	4800#
Traitement attaché au commandement du régiment, trois livres six sous huit den. ci . .	3.	6.	8	100.	//	//	1200.
Au Lieutenant-colonel de chaque régiment, dix livres, ci	10.	//	//	300.	//	//	3600.
A chaque Chef de brigade & Major, huit livres six sous huit deniers, ci	8.	6.	8	250.	//	//	3000.
A chaque Aide-major, quatre livres trois sous quatre deniers, ci	4.	3.	4	125.	//	//	1500.
A chaque Quartier-maître-trésorier, pour appointemens & frais de son bureau particulier, quatre liv. trois sous quatre den. ci . .	4.	3.	4	125.	//	//	1500.
A chaque Tambour-major, une livre deux sous deux deniers deux tiers, ci	1.	2.	2 2/3	33.	6.	8	400.
A chaque Aumônier, une livre treize sous quatre deniers, ci	1.	13.	4	50.	//	//	600.
A chaque Chirurgien, trois livres six sous huit deniers, ci	3.	6.	8	100.	//	//	1200.
A chaque Armurier, six sous dix deniers, ci	//	6.	10	10.	5.	//	123.
ÉTAT-MAJOR DES MINEURS.							
Traitement accordé au commandement de l'École de ce corps, six livres treize sous quatre deniers, ci	6.	13.	4	200.	//	//	2400.
A l'Aide-major, quatre livres trois sous quatre deniers, ci	4.	3.	4	125.	//	//	1500.
Traitement qui lui est accordé pour frais de correspondance & de bureau, seize sous huit deniers, ci	//	16.	8	25.	//	//	300.
OFFICIERS employés dans les Places.							
Au premier Inspecteur, soixante-six livres treize sous quatre deniers par jour, ci	66.	13.	4	2000.	//	//	24000.
A chaque Inspecteur, Officier général, trente-trois livres six sous huit den. ci	33.	6.	8	1000.	//	//	12000.
A chaque Inspecteur, ayant grade de Brigadier ou de Colonel, vingt-cinq liv. ci . . .	25.	//	//	750.	//	//	9000.
A chaque Commandant d'école, Officier général, seize liv. treize sous quatre den. ci .	16.	13.	4	500.	//	//	6000.

	Par Jour.			Par Mois.	Par An.
A chaque Commandant d'École, non Officier général, treize livres six sous huit den. ci...	13#	6s	8d	400# //s //d	4800#.
Traitement attaché au commandement des Écoles des régimens, six livres treize sous quatre deniers, ci..................	6.	13.	4	200. // //	2400.
A chacun des vingt-deux Colonels-Directeurs, treize livres six sous huit den. ci....	13.	6.	8	400. // //	4800.
Traitement accordé à chacun des cinq Directeurs d'Arsenaux de construction, deux livres quatre sous cinq deniers un tiers, ci..	2.	4.	5 ⅓	66. 13. 4	800.
A chacun de vingt Lieutenans-colonels, Sous-Directeurs & Inspecteurs de manufactures d'armes, neuf livres six sous huit den. ci...	9.	6.	8	280. // //	3360.
A chacun des sept autres Lieutenans-colonels Sous-Directeurs, huit livres six sous huit deniers, ci.....................	8.	6.	8	250. // //	3000.
A chacun de douze Capitaines en premier, six livres treize sous quatre deniers, ci....	6.	13.	4	200. // //	2400.
A chacun des cinquante autres Capitaines en premier, cinq livres, ci............	5.	//	//	150. // //	1800.
A chacun des Capitaines en second, quatre livres trois sous quatre deniers, ci.......	4.	3.	4	125. // //	1500.

Veut aussi Sa Majesté, que lorsque le Commandant d'un régiment, jouira du traitement attaché au commandement de l'École, l'Officier qui le suivra dans ledit régiment, jouisse du traitement attaché au commandement du régiment.

72.

Appointemens conservés aux Officiers supprimés.

Sa Majesté entend que les Officiers qui se trouveront excéder le nombre fixé par la présente Ordonnance, conservent les appointemens dont ils jouissoient par leurs grades, quand même ils seroient employés dans un grade inférieur, soit dans les Régimens ou dans les Places.

Les supplémens d'appointemens accordés aux Officiers dont les appointemens ou traitemens avoient été diminués par l'Ordonnance de 1774, continueront de leur être payés conformément à ladite Ordonnance; observant cependant que ceux des Lieutenans-colonels de régiment qui recevoient cinq cents livres de supplément, ne doivent plus recevoir que quatre cents livres, à cause de l'augmentation d'appointemens qui leur est accordée par la présente Ordonnance.

Les Officiers des Régimens, des Compagnies ou des Places, dont par la présente Ordonnance, les emplois sont supprimés ou les appointemens diminués, conserveront ceux dont ils jouissent, jusqu'à ce qu'ils soient pourvus d'emplois, dont les appointemens seront équivalens à ceux qu'ils avoient.

Sa Majesté conservera aussi jusqu'à nouvel ordre, les appointemens & logemens aux Professeur, Répétiteur, Maître de dessin, Artificier & Conducteurs du charroi de l'école supprimée.

73.

Traitement en guerre aux Officiers tirés des Places.

IL sera accordé un traitement extraordinaire à ceux des Inspecteurs généraux du Corps-royal, qui seront nommés pour commander l'Artillerie en chef aux armées, aux Officiers supérieurs qui y commanderont en second, ainsi qu'aux Majors & Aide majors du Corps, & aux Directeurs & Sous-directeurs du parc, & autres Officiers employés à la suite des équipages.

74.

Retenue pour linge & chaussure.

SUR la solde réglée à chaque Sergent-major, Sergent, Fourrier, Caporal, Appointé, Artificier, Canonnier, Bombardier, Sapeur, Mineur, Ouvrier, Apprenti & Tambour du Corps-royal, il sera affecté vingt deniers par jour pour chaque Sergent-major, Sergent & Fourrier, & douze deniers pour chacun des autres, pour s'entretenir de linge & chaussure. Les décomptes de ces retenues, seront faits tous les quatre mois par le Lieutenant en troisième, la compagnie étant assemblée, en présence de l'Officier qui la commandera; & le Commandant sera tenu de faire la visite du linge & chaussure, & d'ordonner les réparations qu'il jugera nécessaires. L'argent du décompte sera remis entre les mains du Sergent de chaque escouade : chaque Soldat fera son emplète lui-même où il le jugera à propos, en présence de son Sergent qui la payera, & remettra sur le champ audit Soldat le surplus de ce décompte.

75.

LORSQU'UN Soldat du Corps-royal, qui aura été absent par congé, rejoindra sa compagnie sans être convenablement pourvu de linge & chaussure, après qu'on aura employé, pour l'en pourvoir, l'argent de la retenue des douze & vingt deniers ordonnés par l'article précédent, il sera prélevé, sur ce qui lui sera dû de sa solde, la somme nécessaire pour y suppléer, & même pour réparer son habillement, dans le cas où il seroit reconnu en mauvais état par défaut d'entretien.

76.

Établissement de la Masse générale.

SA MAJESTÉ veut qu'il soit établi, à l'époque de la nouvelle composition, réglée par la présente Ordonnance, une Masse de quarante-quatre livres dix sous par homme, par an au complet, dans chacun des régimens du Corps-royal, & dans chacune des compagnies de Mineurs & d'Ouvriers, pour être employée aux recrues, à l'habillement, à l'équipement, à l'entretien & à toute espèce de réparations sans distinction, ainsi qu'à l'entretien des armes. Ladite Masse pourvoira encore au payement de la capitation & des quatre deniers pour livre, tant des appointemens des Officiers desdites Troupes, que de la solde des bas Officiers & Soldats.

77.

Les Capitaines de Mineurs & d'Ouvriers, chargés du détail de leurs compagnies.

LES compagnies de Mineurs & d'Ouvriers, étant destinées à être détachées dans les différentes armées & dans les Places, & les Capitaines de ces compagnies étant alors dans la nécessité de faire les détails de leur subsistance, Sa Majesté a jugé à propos que lesdits Capitaines en soient chargés dans tous les temps; en conséquence, Elle entend que tout l'argent qui pour les régimens, doit entrer dans leur caisse, reste pour les compagnies de Mineurs & d'Ouvriers, dans celle des Commis du Trésorier général, employés dans l'endroit où se trouveront lesdites compagnies, pour être délivré au Capitaine, ou à son ordre, à mesure des besoins.

Lorsque ces compagnies quitteront l'armée ou leur garnison, les Capitaines arrêteront leur décompte avec le Commis du Trésorier général, qui leur donnera une reconnoissance détaillée des fonds qui lui resteront en caisse sur les différentes parties; laquelle reconnoissance sera visée par l'Officier aux ordres duquel sera le Capitaine, & présentée à celui aux ordres duquel il passera.

Lors des revues d'inspection, ces reconnoissances seront présentées à l'Inspecteur général pour vérifier l'état de la Caisse de chaque Troupe & en ordonner.

78.

Bourse du Soldat.

L'INTENTION de Sa Majesté étant qu'il soit formé dans chaque régiment de son Corps-royal, & dans chaque compagnie de Mineurs & d'Ouvriers, une Masse qui recevra toutes les années de nouveaux accroissemens, & qui sera déposée dans la Caisse du régiment ou de la compagnie, Elle ordonne que lors du décompte à faire à chaque Sergent-major, Sergent, Fourrier ou Soldat qui aura été absent par congé limité, il soit prélevé, sur la solde entière, la retenue du linge & chaussure; que du restant de ladite solde, il en soit donné moitié au Sergent ou Soldat qui aura rejoint à l'expiration de son congé, l'autre moitié devant être mise dans ladite Caisse; que ceux qui ne se trouveront pas présens à leur Corps le 1.er Avril, ne touchent rien du restant de leur solde, laquelle sera remise en entier dans la Caisse, à moins qu'ils ne justifient par des certificats les plus authentiques, l'impossibilité dans laquelle ils auroient été de rejoindre pour cause de maladie bien constatée; bien entendu cependant que sur ce qui devra être remis au Soldat ou à

la

la bourse commune, il sera fait la retenue ordonnée par l'article 75 du présent Titre pour l'*Entretien.*

79.

Répartition de cette bourse.

Il sera fait tous les ans, six semaines après l'expiration des congés, un état du produit de cette Masse, qui sera divisée par parties égales entre les Sergens-majors, Sergens, Fourriers & Soldats qui composeront pour lors chaque régiment ou compagnie, pour former à chacun d'eux une bourse particulière, qui restera cependant dans la Caisse, & ne sera donnée à chaque Sergent-major, Sergent, Fourrier ou Soldat que lorsqu'il aura obtenu quelque place ou retraite, ou que son congé absolu lui sera délivré pour quelque cause que ce soit : on ne comprendra cependant point dans ladite répartition ceux des Soldats de recrue qui n'auront pas joint leur compagnie avant le 1.er Janvier de chaque année. L'état du produit de cette Masse sera fait dans les régimens par le Quartier-maître-trésorier, certifié par l'Aide-major, vérifié par le Major, & approuvé par le Commandant du régiment ; il sera fait dans le corps des Mineurs par l'Aide-major, certifié par les Capitaines, & approuvé par le Commandant; & dans les compagnies d'Ouvriers, il sera formé par les Lieutenans en troisième, certifié par les Capitaines, & approuvé par les Directeurs aux ordres desquels seront ces compagnies.

Ces fonds, pour ce qui concerne les régimens, resteront dans les Caisses desdits régimens, & ne seront délivrés que sur les ordres de l'Inspecteur : ceux des compagnies de Mineurs & d'Ouvriers resteront dans la Caisse des Commis du Trésorier général du Corps-royal, qui en fourniront leurs reconnoissances aux Capitaines, & ne délivreront lesdits fonds que sur les ordres du Commandant en chef des Mineurs pour ce qui regarde ce Corps, & sur ceux des Inspecteurs des départemens pour les compagnies d'Ouvriers.

Les bourses particulières des Soldats morts ou désertés, n'entreront jamais dans les répartitions ; & après avoir prélevé, fur lefdites bourfes, ce que ces Soldats pourroient devoir fur le prêt & pour les avances indifpenfables que les Capitaines n'auroient pas eu le temps de fe faire rembourfer, le reftant defdites bourfes fera remis à la Maffe commune de la bourfe du Soldat.

A chaque revue d'infpection, il fera donné à l'Infpecteur général, un état de ladite Maffe, qui en conftatera la recette, la dépenfe, l'état actuel & le montant de la bourfe de chaque Sergent-major, Sergent, Fourrier ou Soldat: on fera auffi part de ce montant à la Troupe.

80.

Emplacement des fonds.

SA MAJESTÉ voulant que les fonds de ladite bourfe, dont on n'aura pas befoin pour les renvois annuels, puiffent fervir par la fuite à procurer des fecours aux femmes & aux enfans des Soldats; Elle autorife les Colonels des régimens à propofer, par la voie des Infpecteurs, au Secrétaire d'État ayant le département de la guerre, des emplacemens pour ces fonds, dont le revenu fera employé à procurer des rations ou demi-rations de pain auxdites femmes & enfans, fur un état arrêté tous les ans par le Colonel & approuvé par l'Infpecteur.

81.

LA Maffe des recrues & celle des menues réparations, qui avoient été établies par l'Ordonnance du 3 octobre 1774, devant être réunies à celle générale, réglée par la préfente Ordonnance, on en déduira les payemens qui devront être faits, tant aux Vétérans qu'aux Soldats qui auront feize & huit ans de fervice, pour les dédommager des hautes-payes fupprimées; on formera enfuite un état des fommes qui fe trouveront en bénéfice, & que chaque régiment ou compagnie de Mineurs & d'Ouvriers, portera en recette fur la nouvelle adminiftration; lefdites fommes devront fervir de fupplément à la Maffe générale, & être employées à l'augmentation d'hommes qui fera ordonnée fucceffivement dans chaque troupe; Sa Majefté déclarant au surplus, qu'Elle n'accordera pas d'autres secours pour ladite augmentation.

82.

SA MAJESTÉ ayant donné des ordres pour faire dans les régimens, ainsi que dans les compagnies de Mineurs & d'Ouvriers de son Corps-royal, des recrues, en excédant du complet fixé par l'Ordonnance du 3 octobre 1774; & les Commissaires des guerres & de sondit Corps-royal ayant été autorisés à employer lesdits hommes de recrue sur leur revue de subsistance de chacune desdites Troupes; son intention est que le décompte de leur solde, leur soit fait par le Trésorier général de l'Artillerie en exercice, lequel remettra aussi le montant de leurs différentes Masses, sur le pied réglé par ladite Ordonnance du 3 octobre 1774, à compter du jour qu'ils ont été portés sur lesdites revues, jusqu'à l'époque fixée pour l'exécution de la présente Ordonnance.

83.

L'INTENTION de Sa Majesté est qu'il soit dressé, par les Commissaires des guerres & du Corps-royal, qui seront présens à l'exécution de l'Ordonnance de ce jour, des procès-verbaux de la nouvelle composition des régimens & compagnies de Mineurs & d'Ouvriers dudit Corps: Voulant Sa Majesté que le traitement qui est réglé par ladite Ordonnance, ait lieu en tout point, à commencer du jour fixé pour son exécution; lesdits Commissaires remettront des doubles desdits procès-verbaux, signés d'eux, au Trésorier général de l'Artillerie; ils en adresseront aussi une expédition de chacun au Secrétaire d'État ayant le département de la guerre.

TITRE II.

De l'Adminiſtration des Régimens & Compagnies du Corps-royal de l'Artillerie.

ARTICLE PREMIER.

Conſeil d'Adminiſtration.

CONFORMÉMENT à l'Ordonnance du 25 mars 1776, il ſera établi dans chaque régiment du Corps-royal, un Conſeil d'adminiſtration, qui ſera compoſé du Colonel, du Lieutenant-colonel, du Major & des deux plus anciens Chefs de brigades, qui tous auront voix délibérative.

2.

LE Colonel ſera le Chef du Conſeil d'adminiſtration, qui, en ſon abſence, ſera préſidé par le Lieutenant-colonel; & à ſon défaut, par l'Officier qui commandera le régiment.

3.

LE Conſeil qui ſe tiendra chez le Chef, devant toujours être compoſé de cinq perſonnes, les Membres abſens ſeront remplacés par les autres Chefs de brigades, ou à leur défaut, par les plus anciens Capitaines.

Le Commandant de l'École ſera averti de l'objet du Conſeil; & il pourra y aſſiſter, quand il voudra, pour veiller à ce que les Ordonnances concernant l'adminiſtration, ſoient exactement ſuivies.

4.

CE Conſeil qui s'aſſemblera une fois par ſemaine, & extraordinairement toutes les fois que celui qui devra y préſider le jugera néceſſaire, mettra en délibération généralement tout ce qui devra intéreſſer le régiment.

5.

LE Lieutenant-colonel, & en ſon abſence le Major, fera le rapport des objets à mettre en délibération; il en ſera rédigé un précis qui ſera inſcrit par le Quartier-maître, ainſi

ainſi que les déciſions du Conſeil, dans un regiſtre qui ſera établi à cet effet, qui ſera appelé: *Regiſtre du Conſeil*, & que les cinq Officiers ſigneront à la fin de chaque ſéance.

6.

LE Conſeil étant établi pour veiller au bon ordre, à l'économie, à toutes les fournitures néceſſaires au Corps, pour ordonner, vérifier, approuver les marchés & les dépenſes, & pour juger de la conduite de ceux qu'il aura chargés de quelque détail, aucun des Membres du Conſeil ne pourra être perſonnellement chargé d'aucun achat.

7.

LE Conſeil chargera de l'exécution de ſes ordres, les Officiers qui auront les talens néceſſaires, & il en ſera fait note ſur le regiſtre. Aucun Officier ne pourra ſe diſpenſer de donner ſes ſoins à la partie de détail qui lui aura été confiée; mais le Conſeil aura attention de ne pas charger les Officiers préſens au régiment, d'objets qui pourroient trop les détourner de leurs fonctions ou inſtruction.

8.

TOUT l'argent appartenant au Corps, les effets actifs, les décharges, tous les papiers & regiſtres ſeront enfermés dans une caiſſe à trois ſerrures différentes, qui ſera dépoſée chez le Commandant du régiment. Le Colonel, ou celui qui commandera en ſon abſence, aura une clé, le Quartier-maître la ſeconde, & le dernier Membre du Conſeil la troiſième.

9.

TOUTES les fois que le Quartier-maître-tréſorier recevra des fonds des Tréſoriers principaux ou particuliers commis par le Tréſorier général de l'Artillerie, il devra être muni d'une autoriſation du Conſeil, dans laquelle la ſomme à recevoir ſera énoncée. La ſomme reçue ſera dépoſée dans la caiſſe, en préſence des Officiers chargés des clés, avec un bordereau des eſpèces, ſigné du Tréſorier qui aura remis les fonds; & l'enregiſtrement s'en fera au premier

Conſeil, par le Quartier-maître, ſur un regiſtre qui ſera timbré : *Regiſtre de Recette & Dépenſe*, & dans lequel toutes les recettes & dépenſes quelconques ſeront portées.

10.

TOUTES les quittances finales ſeront ſignées par tous les Membres du Conſeil d'adminiſtration, & ne ſeront valables que revêtues de cette forme.

11.

LE premier de chaque mois, & quand il ſera beſoin, il ſera tiré de la Caiſſe, la ſomme que le Conſeil jugera néceſſaire pour les dépenſes courantes: cette ſomme ſera remiſe entre les mains du Quartier-maître-tréſorier qui en ſera comptable au Conſeil d'adminiſtration.

12.

CHAQUE jour de prêt, il ſera dreſſé par l'Officier qui commandera la compagnie, un état du prêt qui ſera ſigné du Lieutenant en troiſième & du Sergent-major de ladite compagnie.

13.

L'OFFICIER qui commandera la compagnie, chargera le Lieutenant en troiſième, de recevoir chez le Quartier-maître-tréſorier, le montant de l'état du prêt, à l'heure qui aura été indiquée par le Commandant du régiment; l'Officier qui aura reçu le prêt en rendra compte au Commandant de la compagnie, & prendra ſes ordres pour en faire la diſtribution.

14.

LE Lieutenant en troiſième, retirera de l'ordinaire, ce qui aura été payé pour les hommes entrés à l'hôpital, déſertés ou morts, dans l'intervalle d'un prêt à l'autre, & ce qu'il en aura tiré, ſera porté en recette ſur l'état du prêt ſuivant.

15.

LE Quartier-maître-tréſorier, tiendra un regiſtre ſur

lequel il sera exactement note de toutes les mutations dont l'Aide-major lui fera porter l'état signé de lui, par un Sergent-major.

16.

A la fin de chaque mois, tous les états du prêt seront rapportés au Conseil, qui, après les avoir examinés & comparés avec le compte que doit rendre le Quatier-maître & avec le registre des mutations, en ordonnera l'enregistrement sur le registre de recette & dépense; & lesdits états de prêt, seront ensuite brûlés en présence du Conseil.

17.

LE Conseil fera porter en dépense extraordinaire, la valeur du pain & de l'argent qu'on n'aura pu recouvrer de ceux des Soldats désertés d'un prêt à l'autre, & le remplacement en sera fait à la Caisse.

18.

IL tiendra la main à ce que le décompte de la retenue ordonnée pour l'entretien du linge & chaussure, par les articles 74 & 75 du Titre précédent, soit fait régulièrement tous les quatre mois.

19.

LE Conseil chargera l'Aide-major de l'approvisionnement des effets de petite monture, & l'autorisera à faire des marchés avec les différens Ouvriers & Fournisseurs; mais ces marchés ne seront obligatoires que lorsqu'ils auront été approuvés par le Conseil, & visés par le Commissaire des guerres ayant la police du régiment.

20.

LES effets de petite monture, ne seront délivrés par l'Aide-major, que sur l'ordre signé des Membres du Conseil: les Capitaines ou Commandans des compagnies, formeront l'état des besoins de leurs Soldats, ils le présenteront au Conseil pour le faire approuver; & lorsque l'Aide-major rendra compte des effets confiés à ses soins, il produira les états ſur leſquels il en aura fait la diſtribution, & ces états après avoir été enregiſtrés en préſence du Conſeil, ſeront brûlés.

21.

TOUTES les fois qu'il ſera néceſſaire de renouveler les effets d'approviſionnemens de petite monture, l'Aide-major préſentera au Conſeil, ſon regiſtre d'achat & de diſtribution, pour qu'il ſoit vérifié & arrêté, & pour recevoir les ordres du Conſeil, pour le remplacement des effets.

22.

CHAQUE Capitaine devant avoir un regiſtre ſur lequel il inſcrira le nom, le ſurnom, le lieu de naiſſance, le ſignalement, l'époque & les conditions de l'engagement de chacun des hommes de ſa compagnie; il marquera ſur le même regiſtre, les effets de petite monture qui auront été fournis à chacun d'eux; & lorſqu'il s'abſentera, il remettra ce regiſtre à l'Officier qui devra commander la compagnie en ſon abſence.

23.

LES Capitaines ſeront reſponſables de l'état des hommes de leur compagnie; en conſéquence, lors du décompte, qui doit leur être fait tous les quatre mois, ils ne délivreront ce qui pourra revenir à chacun d'eux, qu'après avoir examiné leur linge & chauſſure, & fait remplacer ce qui pourroit manquer.

24.

LA retenue pour le pain, & celle réglée pour le linge & chauſſure, prélevées ſur les plus baſſes-payes des régimens, compagnies de Mineurs & d'Ouvriers, Sa Majeſté ordonne très-expreſſément que le reſtant de ladite ſolde, ſoit mis à l'ordinaire, & employé à la nourriture des Soldats; défendant à tous ſes Officiers, ſous peine d'être caſſés, d'ordonner, permettre ou tolérer, que quelque partie de cette ſolde, quelque modique qu'elle puiſſe être, ſoit employée à d'autres objets.

25. LE

TITRE II.

25.

Conseil d'Administration des compagnies de Mineurs & d'Ouvriers.

Le Conseil d'administration de chaque compagnie de Mineurs, sera composé de tous les Officiers de la compagnie; il s'assemblera lors des revues d'inspection, & au mois de Mai, chez le Commandant du Corps, quand plusieurs compagnies seront réunies; & lorsqu'elles seront séparées, chez celui qui commandera l'Artillerie. On délibérera, dans ces assemblées, sur tous les objets dont on pourra prévoir les besoins, & sur les moyens de les remplir: ces délibérations seront écrites sur le registre du Capitaine, qui sera obligé de s'y conformer. S'il s'y trouvoit quelque obstacle, ou qu'il survînt quelque nécessité imprévue, ledit Conseil s'assemblera extraordinairement.

Il en sera de même pour les compagnies d'Ouvriers, dont le Conseil s'assemblera en temps de paix chez le Directeur de l'Arsenal, & à la guerre chez celui du parc.

Le Lieutenant en troisième fera, dans ces compagnies, les fonctions que remplit l'Aide-major dans les régimens sur tous ces objets.

26.

Armement.

Sa Majesté fera fournir de ses arsenaux & magasins, les armes & tout ce qui est relatif à l'armement des régimens du Corps-royal, des compagnies de Mineurs & d'Ouvriers: il sera pourvu par lesdits régimens & compagnies, sur les fonds de la Masse, à l'entretien des armes & effets dépendans de l'armement; & lorsqu'il sera jugé nécessaire de faire des remplacemens, ils seront ordonnés par Sa Majesté, sur les demandes que les Inspecteurs généraux adresseront au Secrétaire d'État ayant le département de la guerre.

27.

Habillement & Équipement.

Sa Majesté confie tous les détails relatifs à l'habillement & à l'équipement, aux soins économiques du Conseil d'administration établi dans chaque régiment, &

aux Officiers qui adminiſtrent les compagnies de Mineurs & d'Ouvriers.

28.

Le fonds de la Maſſe générale devant être fait tous les mois, & remis dans la caiſſe de chaque régiment, compagnies de Mineurs & d'Ouvriers avec la ſolde, pour ſervir à l'acquittement de toutes les dépenſes, de quelque nature qu'elles puiſſent être, le Quartier-maître-tréſorier tiendra un regiſtre, ſur lequel il ſe chargera en recette de ce qu'il touchera chaque mois ſur le fonds de la Maſſe, & portera en détail tous les articles de dépenſe : ce regiſtre ſera produit au Conſeil d'adminiſtration à chaque ſéance, & viſé par les Membres du Conſeil, toutes les fois que d'une ſéance à l'autre, il y aura lieu à de nouveaux enregiſtremens.

Le regiſtre que le Quartier-maître doit tenir à cet effet dans les régimens, ſera tenu par le Capitaine dans les compagnies de Mineurs & d'Ouvriers.

29.

Sa Majesté veut qu'on ſe conforme, avec la plus ſcrupuleuſe exactitude, aux modèles d'habillement & d'équipement qui ſeront envoyés; & Elle rend les Membres du Conſeil d'adminiſtration, perſonnellement reſponſables de l'exécution de cet ordre.

30.

Sa Majesté ayant proſcrit dans ſes Troupes l'uſage d'habiller par tiers, Elle ordonne que les remplacemens ſe faſſent ſuivant les beſoins qu'auront les hommes d'être habillés; en conſéquence, ſon intention eſt que les Commandans d'École aux ordres deſquels ſeront les régimens, examinent avec ſoin, lors de leurs revues, les parties de l'habillement qui ſeront à remplacer, ou qui pourront être réparées; ils en dreſſeront un état qu'ils remettront à l'Inſpecteur général, qui ſeul pourra ordonner définitivement ſur les remplacemens ou réparations, d'après les vérifications qu'il fera par lui-même.

Quant à ce qui concerne les compagnies de Mineurs & d'Ouvriers du Corps-royal, l'Officier aux ordres duquel ces compagnies ſe trouveront, remplira les fonctions preſcrites à ce ſujet au Commandant d'École.

31.

L'INSPECTEUR général arrêtera pour chaque régiment, un état des remplacemens & réparations qu'il jugera du bien du ſervice de Sa Majeſté d'ordonner; cet état ſera tranſcrit ſur le regiſtre des délibérations du Conſeil d'adminiſtration pour les régimens, & ſur celui des Capitaines pour les compagnies de Mineurs & d'Ouvriers; le regiſtre ſera ſigné au bas de l'état des remplacemens & réparations, par l'Inſpecteur général, & cette formalité remplie, le Conſeil ou le Capitaine donnera les ordres néceſſaires pour les achats.

32.

SA MAJESTÉ ordonne expreſſément à toutes les Troupes du Corps-royal, de tirer leurs draps directement de Lodève, & de la première main des Ouvriers & Fabriquans.

Pour ce qui concerne les achats, fournitures, tranſports & réceptions, on ſe conformera aux articles 9, 10, 11, 12, 13, 14, 15, 16, 17, 18 & 19 du Titre II de l'Ordonnance du 25 mars dernier, *portant Règlement ſur l'Adminiſtration des Troupes*.

33.

L'INTENTION de Sa Majeſté eſt que chaque régiment du Corps-royal, ait toujours dans ſon magaſin les étoffes & effets néceſſaires à l'habillement de cent cinquante hommes, les compagnies de Mineurs & d'Ouvriers à proportion.

34.

QUANT à ce qui concerne la compoſition de l'équipage des bas Officiers & Soldats du Corps-royal, l'entretien de l'armement & de l'équipement, & la tenue de leurs

TITRE II. cheveux, on se conformera aux articles 24, 25, 26 & 27 du Titre II de l'Ordonnance d'*Administration.*

35.

Des Recrues.

Les Troupes d'Artillerie n'auront pas de compagnies de recrues. Les garnisons qui leur sont affectées dans les différentes provinces leur serviront de dépôt; les Recruteurs & les recrues seront mis en subsistance dans les régimens ou compagnies les plus à portée jusqu'à ce qu'ils rejoignent leurs régimens ou compagnies.

36.

Il sera établi un dépôt général pour les recrues qui se feront en Franche-comté & aux environs. Ce dépôt sera commandé par un Capitaine & un Lieutenant; & ceux des régimens ou compagnies qui auront le plus de besoin de recrues, après en avoir obtenu l'agrément du premier Inspecteur, y enverront un ou plusieurs bas Officiers qui travailleront chacun pour le compte de leurs régimens. Ces Officiers auront sur ces recrues toute police & discipline, sous l'autorité du Commandant de l'Artillerie.

37.

Ce Capitaine recevra les ordres que lui donneront les Majors des différens régimens, d'après ceux des Conseils d'administration.

38.

Il sera fait par le Trésorier général de l'Artillerie, sur la Masse de chaque régiment, une retenue de cinq cents vingt livres, pour former à ce Capitaine deux mille livres d'appointemens, huit cents livres pour frais de bureau & de correspondance, & huit cents quarante livres d'appointemens à son Lieutenant, lesquelles sommes leur seront payées par le Commis du Trésorier général à Besançon.

39.

En temps de guerre, les recrues des régimens & compagnies employés aux armées, seront rassemblées dans les

les places affectées aux dépôts des équipages d'artillerie: les compagnies du Corps qui y feront détachées, exerceront ces recrues pour n'être envoyées à l'armée, que lorfqu'elles feront en état d'y faire le fervice.

Le Corps-royal fe conformera pour fes recrues, à ce qui eft prefcrit pour celles des autres Troupes, par le Titre III de l'Ordonnance *d'Adminiftration,* aux articles 7, 8, 9, 10, 11, 13, 14, 15, 16, 17, 18, 19, 20, 24, 25, 26, 27, 28, 29, 30, 31, 32, 33, 34, 35, 37, 38, 39, 40, 41, 42, 43 & 44, aux exceptions ci-après.

Le prix des engagemens des hommes du Corps-royal, fera de cent vingt livres, dont foixante-dix livres d'engagement, trente livres pour boire, & vingt livres pour frais & gratification, aux Recruteurs.

Les hommes de recrue recevront le *pour-boire* auffitôt qu'ils auront figné leur engagement, & que les vérifications néceffaires pour affurer la validité dudit engagement auront été faites: mais on ne leur payera que vingt livres fur le prix de l'engagement à leur arrivée au dépôt; le furplus leur fera compté lorfqu'ils auront été reçus & enregiftrés au régiment.

Il ne fera reçu dans les Troupes du Corps-royal, que des hommes de cinq pieds trois pouces fix lignes, au moins, pieds nus.

Les déferteurs n'y feront jamais admis.

L'Officier chargé du dépôt des recrues, pourra les envoyer à leurs troupes refpectives, en tel nombre qu'il jugera convenable; & à fa demande, il leur fera expédié des routes.

L'admiffion ou le renvoi des recrues, ne pourra fe faire que d'après l'approbation des Commandans d'école pour les Régimens & les Mineurs, & celle des Directeurs d'arfenaux pour les Ouvriers.

Lorfqu'en conféquence de l'article 41 du Titre III de l'Ordonnance d'*Aminiftration,* les Confeils jugeront à propos d'envoyer en recrue extraordinairement, c'eſt de l'Inſpecteur général du département qu'ils devront prendre la permiſſion.

40.

Suppreſſion des hautes-payes accordées par l'Ordonnance du 16 avril 1771, & rengagemens.

SA MAJESTÉ ayant ſupprimé par l'Ordonnance du 25 mars 1776, les hautes-payes de rengagemens accordées par l'Ordonnance du 16 avril 1771, Elle ordonne qu'à l'avenir tout bas Officier ou Soldat de ſon Corps-royal, qui après avoir ſervi huit ans deſirera continuer ſes ſervices dans la même troupe, recevra, pour prix de rengagement, cent vingt livres.

Après ſeize ans de ſervice, pour prix d'un ſecond rengagement, il recevra cent trente livres.

Après vingt-quatre ans de ſervice, ceux qui auront acquis la vétérance, qui auront la volonté, & qui ſeront jugés en état de contracter un troiſième rengagement, recevront cent cinquante livres.

Les prix de ces rengagemens, ſeront payés moitié comptant, & l'autre moitié le jour que commencera la cinquième année.

Après les huit ans révolus du troiſième rengagement, ceux qui ſeront en état de continuer leurs ſervices, ne s'engageront que pour un an, & renouvelleront leur engagement d'année en année; il leur ſera payé vingt-quatre livres en commençant chaque année.

41.

PERMET Sa Majeſté aux Commandans des régimens & compagnies de ſon Corps-royal, d'accorder chaque année, indépendamment des congés de droit, deux congés de grâce par compagnie, aux Soldats qui auront des raiſons valables pour les demander, mais après en avoir obtenu la permiſſion de l'Inſpecteur général: le prix de ces congés ſera fixé, conformément à l'article 8 du Titre IV de l'Ordonnance *d'Adminiſtration.*

42.

LES troupes du Corps-royal, ſe conformeront pour le ſurplus à ce qui eſt preſcrit ſur cet objet, au Titre IV de l'Ordonnance *d'Adminiſtration*, par les articles 2, 5, 6, 8 & 9.

43.

Police intérieure des Corps.

LES différentes troupes qui compoſent le Corps-royal, ſe conformeront, pour leur police intérieure, à ce qui eſt réglé par le Titre VI de l'Ordonnance *d'Adminiſtration;* avec cette différence que ſur les devoirs preſcrits par l'article 17 dudit Titre, les Capitaines ſe rendront chez leur Chef de brigade, qui les conduira chez le Lieutenant-colonel, & que le Colonel conduira tous les Officiers du régiment chez le Commandant d'école, ou tout autre Officier qui commandera le Corps.

Quant aux appels dont il eſt parlé à l'article 18 du même Titre, le Lieutenant en troiſième en rendra compte au Commandant de la compagnie & à l'Aide-major; ce dernier en rendra compte par écrit au Major une fois par jour ſeulement, le Major au Lieutenant-colonel, & celui-ci au Colonel.

44.

Diſcipline & Subordination.

L'INTENTION de Sa Majeſté eſt que les troupes du Corps-royal ſe conforment à ce qui eſt preſcrit par le Titre VII de l'Ordonnance *d'Adminiſtration*, en ce qui n'eſt pas contraire aux articles ci-après.

45.

LES Capitaines obéiront aux Chefs de brigades comme aux Majors, le Colonel au Commandant d'école, le Commandant d'école à l'Inſpecteur, & l'Inſpecteur au premier Inſpecteur.

46.

INDÉPENDAMMENT de la ſubordination établie par l'article précédent & par l'article 2 dudit Titre, les Officiers du Corps-royal ſeront tenus envers les Officiers généraux, commandant les divisions ou dans les provinces, à celle qui leur est prescrite aux différens Titres de la présente Ordonnance.

47.

LES Colonels, ou ceux qui commanderont les régimens, rendront compte journellement au Commandant d'école en paix, & en guerre au Commandant de l'Artillerie, à la division duquel sera attaché ladite troupe, de tout ce qui la concernera.

Ces Commandans rendront compte tous les mois, & extraordinairement lorsque les évènemens l'exigeront, à l'Inspecteur général, en paix, ou au Commandant en chef de l'équipage d'Artillerie à l'armée; ceux-ci rendront compte au premier Inspecteur, & ce dernier au Secrétaire d'Etat ayant le département de la guerre.

Les Commandans d'école rendront compte aux Commandans de provinces ou de divisions avec lesquels ils se trouveront, de tout ce qui concerne la discipline & les mouvemens de la troupe, chaque fois que ceux-ci l'ordonneront.

Ces Officiers communiqueront aussi à ces Commandans, lorsqu'ils l'exigeront, tout ce qui peut avoir rapport au service de l'école; & dans les cas extraordinaires, ils prendront leurs ordres.

48.

LE Colonel aura dans son régiment, subordonnément au Commandant d'école, toute autorité pour faire exécuter ce qui se trouvera prescrit par les Ordonnances, & ce qui sera ordonné par les Inspecteurs généraux de l'Artillerie & les Officiers généraux des divisions : ils feront en conséquence les règlemens qu'ils croiront nécessaires pour établir solidement la subordination, maintenir la discipline & assurer l'exactitude du service.

49.

DÉFEND Sa Majesté à tout Officier qui pourroit commander

commander le régiment en l'absence du Colonel, de rien changer ou innover, sans en rendre compte au Colonel & sans l'aveu du Commandant d'école.

50.

LES Mémoires contenant des demandes de congés, permission, ou de telle autre grâce que ce puisse être, qui devront être rédigés dans la forme prescrite, ne seront remis désormais au Secrétaire d'État ayant le département de la guerre, que par le premier Inspecteur, qui les recevra des Inspecteurs généraux. Les demandes concernant les Officiers des régimens, seront envoyées à l'Inspecteur par le Commandant d'école, à qui elles parviendront de grade en grade, en remontant de celui qui fera la demande.

Celles concernant les Officiers des compagnies d'Ouvriers ou autres Officiers employés dans les Directions, parviendront de même, de grade en grade, au Directeur aux ordres duquel ils seront, & celui-ci les fera passer à l'Inspecteur.

Défend Sa Majesté aux Inspecteurs généraux & aux Officiers supérieurs, de s'écarter de cette loi.

51.

LA permission d'adresser directement un Mémoire au Secrétaire d'État ayant le département de la guerre, se demandera, dans le Corps-royal, au premier Inspecteur de ce Corps qui ne pourra la refuser.

52.

Récompenses militaires, attribuées au Corps-royal.

ON se conformera dans le Corps-royal, pour ce qui regarde les récompenses militaires, à ce qui est prescrit par le Titre VIII de l'Ordonnance d'*Administration*, aux articles 1, 2, 3, 4, 5, 6, 7, 8 & 9.

53.

QUANT aux pensions à donner à ceux des bas Officiers

TITRE II.

& Soldats de ce Corps, qui les préféreront à l'Hôtel royal des Invalides, Sa Majesté les a fixées ainsi qu'il suit:

SAVOIR;	Par an.
A chaque Sergent-major	360^{l}
A chaque Sergent ou Fourrier	262.
A chaque Caporal	184.
A chaque Appointé	147.
A chaque Artificier	134.
A chaque Soldat de la première classe	121.
A chaque Soldat de la seconde classe	98.
A chaque Soldat de la troisième classe	86.

54.

On se conformera de même, dans le Corps-royal, à ce qui est porté dans les articles 11, 12, 13, 14, 15, 16, 17, 18, 19, 20, 21 & 22 du même Titre VIII de la même Ordonnance, à l'exception que les demandes parviendront au Secrétaire d'État ayant le département de la guerre, en passant par les Inspecteurs généraux & le premier Inspecteur; lesquels, à cet égard, remplaceront les Maréchaux-de-camp & les Lieutenans généraux commandant les divisions, ainsi qu'il a été dit à l'article 50 du présent Titre.

55.

Emplois des compagnies de Canonniers-invalides, attribués de préférence aux Officiers, bas Officiers & Soldats du Corps-royal.

Sa Majesté ayant créé, par ses Ordonnances des 1.er mars 1756 & 21 mai 1766, huit compagnies de Canonniers-invalides, pour être employées dans les Places & sur les Côtes, dont les emplois d'Officiers & les places de bas Officiers doivent être donnés de préférence à ceux du Corps-royal de l'Artillerie; son intention étant aussi que les Sodats dudit Corps, qui pourront être envoyés aux Invalides, soient admis aussi de préférence dans lesdites compagnies; Elle ordonne qu'il ne soit nommé qu'une fois l'an aux emplois & places qui viendront à y vaquer, afin que le premier Inspecteur puisse adresser au Secrétaire d'État ayant le département de la guerre, l'état des Officiers, bas Officiers & Soldats du Corps-royal qui ſeroient à placer.

56.

Des punitions.

On ſe conformera, dans le Corps-royal, à ce qui eſt preſcrit pour les punitions au Titre IX de l'Ordonnance d'*Adminiſtration.*

57.

Des Congés & Semeſtres.

Le ſervice des Colonels des régimens du Corps-royal, commencera le 1.er Mai & finira le dernier Septembre; ils ſeront libres le 1.er Octobre, d'aller où leurs affaires les appelleront; mais Sa Majeſté leur défend expreſſément de quitter leurs drapeaux pendant le temps de leur ſervice, ne fût-ce que pour vingt-quatre heures, ſans la permiſſion du Commandant d'École & de l'Officier général commandant la diviſion.

58.

Le Lieutenant-colonel & le Major de chacun des régimens d'Artillerie, rouleront enſemble pour le congé de ſemeſtre, qui commencera le 1.er Octobre & finira le dernier Mars; l'intention de Sa Majeſté eſt que l'un de ces deux Officiers ſupérieurs, ſoit toujours préſent au Corps.

Les Chefs de brigades auront des ſemeſtres de deux années l'une.

59.

Les Capitaines des régimens, ainſi que les Lieutenans en premier & en ſecond, n'auront de même des congés de ſemeſtre que de deux années l'une, depuis le 1.er Octobre juſqu'au dernier Mars; obſervant cependant de ne pas en donner en même-temps au Capitaine & au Lieutenant en premier d'une même compagnie.

Les Lieutenans en premier & en ſecond, ne pourront profiter deſdits ſemeſtres qu'autant qu'il aura été jugé par l'Inſpecteur, qu'il n'eſt pas néceſſaire de les retenir au Corps, pour leur inſtruction.

Dans les compagnies de Mineurs, le Capitaine en premier & le Capitaine en second; les Lieutenans en premier & en second, rouleront ensemble pour le semestre; de façon qu'il reste à la compagnie pendant le semestre, un Capitaine & un Lieutenant.

Dans les compagnies d'Ouvriers, l'un des Capitaines restera à la compagnie pendant le congé de semestre; & le Lieutenant en premier n'aura de congé que de deux années l'une.

Les Aides-major, Quartier-maître & Lieutenans en troisième, tant des régimens d'Artillerie que des compagnies de Mineurs & d'Ouvriers, ne s'absenteront que sur des congés particuliers.

60.

SA MAJESTÉ veut bien permettre aux Officiers qui roulent ensemble pour le congé de semestre, de le partager: en cas de partage, celui qui ne devra jouir que de la seconde portion du semestre, ne pourra partir que lorsque celui avec qui il l'aura partagé, sera de retour au Corps.

61.

DÉCLARE Sa Majesté qu'Elle n'accordera plus de congés particuliers aux Officiers de son Corps-royal, à moins de circonstances extraordinaires les plus privilégiées ou de maladies graves bien constatées.

62.

L'INSPECTEUR général, lors de sa revue d'inspection, arrêtera l'état des congés de semestre qu'il adressera au Secrétaire d'État ayant le département de la guerre.

63.

L'INTENTION de Sa Majesté est que pour les autres objets relatifs aux congés & semestres, les Officiers, bas Officiers & Soldats du Corps-royal, se conforment à ce qui est prescrit par les articles 14, 15, 16, 17, 18, 19, 20, 21, 22 & 24 du Titre XII des *congés & semestres de* l'Ordonnance *d'Administration;* à l'exception que les vingt

congés

congés de semestre déterminés pour chaque compagnie des autres Troupes, seront réduits à onze pour chaque compagnie du Corps-royal, & qu'on suivra pour les demi-solde & solde entière des hommes qui auront eu des congés, la disposition qui en a été faite à l'article 78 du Titre I.er de la présente Ordonnance.

64.

Des Revues des Commissaires des guerres & du Corps-royal.

LES Commissaires des guerres qui passeront en revue les Troupes du Corps-royal, se conformeront à ce qui est prescrit au Titre XIII de l'Ordonnance *d'Administration.*

65.

Des Revues des Inspecteurs généraux.

LES Inspecteurs généraux du Corps-royal, chargés de l'inspection des Troupes dudit Corps, se conformeront à ce qui est prescrit aux Maréchaux-de-camp des divisions, par le Titre XIV de l'Ordonnance *d'Administration*, aux articles 3, 5, 6, 7, 8, 9 & 10.

TITRE III.

Du Service en général du Corps-royal de l'Artillerie.

ARTICLE PREMIER.

Rangs que les régimens tiendront entr'eux.

LES régimens du Corps-royal de l'Artillerie, rouleront entr'eux suivant le grade & l'ancienneté de leurs Colonels titulaires.

Rang des bataillons.

Les bataillons desdits régimens, prendront rang entre eux, suivant l'ancienneté du premier Chef de brigade de chacun desdits bataillons.

Rang des brigades.

Les brigades rouleront entr'elles dans les bataillons, suivant l'ancienneté des Chefs de brigades qui les commanderont; mais la brigade de Bombardiers marchera toujours à la suite des bataillons, quelque ancienneté qu'ait son Chef.

TITRE III.

2.

Chefs fixes à leurs brigades, dont on ne changera pas les compagnies.

LES Chefs de brigades, tant qu'ils en feront les fonctions, resteront attachés à la même brigade, dont on ne pourra point changer les compagnies; mais on fera passer, lorsqu'il sera nécessaire, une brigade d'un bataillon à l'autre, pour que chacun des deux plus anciens Chefs de brigades se trouve toujours à la tête d'un desdits bataillons; observant cependant qu'il y ait toujours, dans chaque bataillon, une des brigades dans laquelle il doit y avoir une compagnie de Sapeurs.

3.

Rang des compagnies dans les brigades.

CHAQUE compagnie de Canonniers, roulera dans la brigade à laquelle elle sera attachée, suivant l'ancienneté de son Capitaine; & les compagnies de Sapeurs appartenant aux Chefs de brigades, marcheront toujours à la tête des brigades dont elles feront partie.

Les compagnies de Bombardiers marcheront aussi entre elles, suivant l'ancienneté de leurs Capitaines.

4.

Rang que tiendront entr'eux les régimens, bataillons, brigades, compagnies & détachemens.

LORSQU'UN ou plusieurs régimens du Corps-royal, se trouveront rassemblés dans un même lieu avec des bataillons, des brigades & des compagnies d'autres régimens dudit Corps, les régimens prendront rang sur les bataillons, les bataillons sur les brigades, & les brigades sur les compagnies.

La partie d'un régiment qui sera commandée par son Colonel, représentera le régiment.

5.

SI l'on détache d'une brigade, faisant partie d'un bataillon, une ou plusieurs compagnies, ce qui restera de ladite brigade la représentera dans ledit bataillon.

Une brigade entière détachée de son bataillon, prendra rang sur les compagnies détachées, à moins qu'il ne se trouve quatre compagnies de Mineurs, ou quatre compagnies d'Ouvriers, qui, pour lors, formeront brigade, & rouleront avec les autres brigades détachées, suivant l'ancienneté de leurs Chefs respectifs.

6.

S'IL se trouve ensemble plusieurs compagnies de différentes espèces, c'est-à-dire des Canonniers, Bombardiers, Sapeurs, Mineurs & Ouvriers, qui ne forment pas de brigade, les compagnies de même brigade se joindront ensemble, & les différentes espèces prendront ensuite rang entre elles, suivant le nombre des compagnies qu'elles auront; & dans le cas d'égalité, elles prendront rang du grade ou de l'ancienneté de ceux qui commanderont lesdites espèces.

7.

LES détachemens quelconques qui ne seront pas formés en compagnies, marcheront entr'eux, suivant le grade ou l'ancienneté des Commandans respectifs de chaque espèce.

8.

Rang des Officiers entr'eux.

LES Officiers supérieurs du Corps-royal, prendront rang entr'eux pour le commandement, suivant leur grade & leur ancienneté, de manière que les Chefs de brigades soient commandés par les Lieutenans-colonels, les Lieutenans-colonels par les Colonels, les Colonels par les Commandans d'École, ceux-ci par les Inspecteurs qui prendront rang entr'eux suivant leur grade & leur ancienneté, & obéiront tous au premier Inspecteur.

9.

Commandement en cas de réunion de différentes Troupes.

LORSQUE plusieurs régimens du Corps-royal, se trouveront ensemble avec des bataillons, brigades, compagnies ou détachemens, soit des autres régimens dudit Corps, soit des Mineurs ou des Ouvriers, l'Officier le plus élevé en grade, ou le plus ancien à grade égal, prendra le commandement du tout; mais la discipline intérieure & les détails de chacune de ces Troupes, seront réservés à son Commandant naturel.

10.

Police & discipline comme dans l'Infanterie.

LES régimens du Corps-royal de l'Artillerie & les compagnies des Mineurs & d'Ouvriers, seront sujets à la même discipline que les autres Troupes de Sa Majesté, en quelque endroit qu'ils se trouvent. Les Commandans des Places, auront cependant attention de les dispenser de ce qui pourroit gêner leur service particulier.

11.

Le service se fera par bataillons, brigades, compagnies, escouades & demi-escouades.

L'INTENTION de Sa Majesté étant que le service particulier à l'Artillerie, à l'exception de celui des Ouvriers, se fasse par des Corps aussi entiers qu'il sera possible, & que ces Corps soient toujours commandés par les Officiers & bas Officiers qui leur sont attachés; Elle ordonne que les troupes dudit Corps qui seront commandées à l'avenir, le soient par bataillons, brigades, compagnies, escouades & demi-escouades.

12.

Commandement des Gardes & des Travailleurs.

LES Gardes & les Travailleurs, seront commandés, dans tous les cas, par escouades prises dans un même bataillon, ou dans la brigade de Bombardiers; & on n'y emploiera, autant que faire se pourra, qu'une escouade d'une même compagnie.

Les Capitaines & les Lieutenans, rouleront entr'eux pour ces services, dans leurs bataillons, & les Officiers de Bombardiers, dans leur brigade.

Les Capitaines, ainsi que les Lieutenans, à la réserve des Lieutenans en troisième, rouleront entr'eux pour ces services, suivant leurs grades, chacun dans son bataillon, & les Officiers de Bombardiers dans leur brigade; de façon que les Officiers d'un bataillon ne fassent pas ces services avec des Soldats de l'autre; & on observera de ne jamais détacher en même-temps deux Officiers de la même compagnie.

13.

Logemens des Commandans d'École,

LES Commandans des écoles du Corps-royal qui ne seront pas Officiers généraux, tels autres grades qu'ils aient, seront feront toujours logés comme Brigadiers, & les Chefs de brigades le feront comme Majors. Les Capitaines commandant les compagnies de Mineurs & d'Ouvriers, étant chargés du détail & des effets de leurs compagnies, auront une chambre de plus que les autres Capitaines; les Lieutenans en premier & en fecond, à l'exception des Lieutenans en troifième, feront logés feuls, chacun dans une chambre, & les Soldats du Corps-royal, feront fournis dans les cafernes, comme chez les bourgeois, d'un lit pour deux hommes feulement.

Chefs de brigade & Capitaines des compagnies de Mineurs & d'Ouvriers, &c.

TITRE IV.

Du fervice du Corps-royal dans les Places.

ARTICLE PREMIER.

LES régimens & détachemens du Corps-royal de l'Artillerie, foit qu'ils fe trouvent feuls ou avec d'autres Troupes, ne fourniront d'autres gardes que celles du polygone dans les Places où il y a une École d'inftruction, avec leur garde de police, celle de l'Arfenal, celle dûe aux Officiers généraux du Corps-royal de l'Artillerie, ainfi qu'une fentinelle au Commandant de la Troupe pour la garde de la Caiffe du régiment; & fi ce Commandant a un Supérieur du Corps dans la Place, il fera fourni auffi à ce dernier une fentinelle; mais dans le cas où il n'y auroit pas de Caiffe qui exigeât qu'il y eût une fentinelle chez le Commandant de la Troupe, il n'en fera fourni alors à celui du Corps, qu'autant qu'il lui en fera dû par fon grade, conformément à l'Ordonnance *du fervice des Places.*

Service d'Infanterie des régimens du Corps-royal.

2.

SA MAJESTÉ voulant cependant que les Troupes du Corps-royal, continuent, comme par le paffé, de ne fournir pour la garde que moitié, tout au plus, de ce que fourniront dans la même garnifon les Troupes de pareille force: S'il arrive que la garde des poftes affectés par

Ne fourniront, pour la garde, que la moitié au plus de ce que fourniront les autres Troupes.

l'article précédent au Corps-royal, exige un service plus fort; Elle entend que dans ce cas les autres Troupes de la garnison soient chargées de la garde d'une partie desdits postes; comme aussi lorsque la garde de ces postes n'exigera pas que les Troupes du Corps-royal fournissent le tiers de ce que fourniront les Troupes de la garnison de pareille force, on pourra les employer à d'autres gardes jusqu'à la concurrence dudit tiers.

Sa Majesté autorise même les Commandans des Places à décharger les Soldats du Corps-royal de toutes gardes, dans les cas extraordinaires où ils seroient trop fatigués par les manœuvres de l'Artillerie.

Les gardes que fourniront les Troupes dudit Corps, pour leurs postes particuliers, s'assembleront devant leurs quartiers d'où elles partiront pour aller relever directement leurs postes, & lesdites gardes ne monteront la parade générale avec la garnison, que les jours de Fêtes & de Dimanche, lorsque le Commandant de la Place l'ordonnera.

3.

Seront exempts de tout autre service d'Infanterie, hors les cas de nécessité absolue.

SA MAJESTÉ veut bien exempter les Capitaines, Lieutenans & Soldats desdits régimens, de toute autre garde, ainsi que des rondes; mais dans les cas de nécessité absolue où les Commandans des Places jugeroient indispensable de leur faire faire quelqu'autre service que celui prescrit par les articles précédens, ces Troupes exécuteront ce qui leur sera ordonné par lesdits Commandans, qui seront tenus d'en informer sur le champ le Secrétaire d'État ayant le département de la guerre. A l'égard des Officiers supérieurs attachés auxdites Troupes du Corps-royal, ils continueront de rouler pour le service d'Infanterie avec ceux de la garnison.

4.

Les Mineurs exempts du service d'Infanterie dans les Places.

LES compagnies de Mineurs seront exemptes dans les Places de toute autre garde que celle pour la police de leur quartier & pour le parc des mines.

5.

Les compagnies d'Ouvriers, exemptes du même ſervice.

LES compagnies d'Ouvriers étant deſtinées à être employées dans les arſenaux aux travaux de l'Artillerie, ſeront exemptes de tout ſervice d'Infanterie dans les Places.

6.

Les Officiers détachés dans les Places, communiqueront leurs ordres aux Commandans deſdites Places, & à ceux de l'Artillerie.

TOUT Officier du Corps-royal de l'Artillerie, détaché dans une Place, communiquera ſes ordres au Commandant de ladite Place & à celui de l'Artillerie, & il informera de ſon arrivée le Secrétaire d'État ayant le département de la guerre, ainſi que le Directeur du département.

7.

À qui appartiendront les honneurs du commandement, lors des détachemens dans les Places.

LORSQU'IL ſera envoyé un régiment du Corps-royal ou un détachement, ſoit d'un régiment dudit Corps, ſoit des compagnies de Mineurs ou d'Ouvriers, dans une Place où il ſe trouvera un Officier employé pour le ſervice de l'Artillerie, plus élevé en grade, ou plus ancien, à grade égal, que celui qui commandera ledit régiment ou détachement, alors le commandement appartiendra ſans difficulté à l'Officier de la Direction, lequel ne pourra cependant intervertir en aucune façon l'ordre, la diſcipline intérieure & les détails de la Troupe; mais il ordonnera ſur ce qui concerne le ſervice, & le Commandant de ladite Troupe ſera tenu de lui rendre compte de ſa force & des mutations qui pourront y arriver, ainſi que des détachemens qui ſeront commandés, ſoit pour prendre les armes, ou pour les exercices quelconques.

Si, au contraire, l'Officier de la Direction ſe trouve dans le cas de déférer le commandement à l'Officier qui commandera un deſdits régimens ou détachemens, il ſera tenu alors de lui communiquer l'inventaire de la Place, pour en prendre lecture, ſans cependant déplacer ledit inventaire, & il lui rendra compte de la quantité & de la force des pièces de canon qui pourront entrer dans la Place, ou en ſortir: il ſera pareillement tenu de lui demander les détachemens dont il pourroit avoir beſoin pour le ſervice de l'Artillerie dans la Place; & pour qu'il ſache combien il pourra employer d'hommes à ce ſervice, l'Officier commandant le régiment ou le détachement, le fera informer de la force de la Troupe, & des mutations qui pourront y arriver.

8.

Commandement de l'Artillerie dans les Places aſſiégées.

S'IL arrivoit qu'un régiment ou un détachement du Corps-royal, à l'exception des compagnies ou détachemens de Mineurs, fût envoyé pour la défenſe d'une Place dans laquelle il ſe trouvât un Officier employé pour le ſervice de l'Artillerie, pour lors le commandement appartiendroit, ſans aucune réſerve & ſans difficulté, à l'Officier le plus élevé en grade, ou au plus ancien, à grade égal, qui pourroit ſe faire rendre tels comptes qu'il jugeroit à propos.

9.

Les Officiers de Mineurs & les autres Officiers du Corps-royal, ne prendront les uns ſur les autres, que les honneurs du commandement.

LES Officiers du Corps des Mineurs, détachés pour la défenſe des Places, rouleront de même avec ceux des régimens, des compagnies d'Ouvriers & des directions, pour les honneurs du commandement ſeulement: N'entendant point Sa Majeſté, que pour cette raiſon l'Officier de Mineurs à qui ſeront déférés les honneurs du commandement, puiſſe donner des ordres ſur les objets qui concernent le ſervice de l'Artillerie, ni que l'Officier commandant l'Artillerie, puiſſe en donner ſur ce qui concerne le ſervice des mines: Veut Sa Majeſté que les uns & les autres obſervent & rempliſſent les déférences dûes à la ſupériorité du grade ou à l'ancienneté, & qu'ils ſe renferment exactement dans leurs fonctions particulières.

10.

Par qui l'Ordre ſera porté.

L'ORDRE ſera porté tous les jours dans les Places, par le Major, ou, à ſon défaut, par un Lieutenant en troiſième du régiment, au Commandant du Corps-royal, quel qu'il ſoit, ainſi qu'au Colonel, ou, en ſon abſence, au Commandant du régiment: il ſera porté, par un Sergent-major, au Lieutenant-colonel, & autres Officiers ſupérieurs du du Corps; & par des Sergens, aux Capitaines. A l'égard des Lieutenans, l'Ordre leur sera porté par lesdits Sergens lorsqu'ils seront commandés pour le service, & par un Caporal lorsqu'ils ne le seront pas.

S'il n'y avoit dans une Place qu'un détachement d'une ou deux compagnies du Corps-royal, l'Ordre sera porté par un Sergent à celui qui commandera, & il sera porté aux autres Officiers, comme il est dit ci-dessus; & quand il n'y aura ni régiment ni détachement dudit Corps, un Sergent de la garnison le portera seulement à l'Officier qui commandera l'Artillerie en chef dans la Place.

11.

Revue du Commissaire des guerres.

LES Officiers détachés pour le service de l'Artillerie dans les Places, passeront en revue devant le Commissaire des guerres & du Corps-royal, ou à son défaut devant celui de la Place; lorsqu'il se trouvera dans la Place un régiment du Corps-royal, lesdits Officiers détachés se tiendront avec l'État-major dudit régiment, chacun dans le rang dû à son grade: s'il ne s'y trouve qu'un détachement, ils s'y joindront pareillement suivant leur grade & leur ancienneté; & s'il n'y a point de Troupe dudit Corps dans ladite Place, alors le Commissaire des guerres & du Corps-royal, ou celui qui en fera les fonctions, verra lesdits Officiers dans l'Arsenal ou dans tout autre lieu connu, destiné au service de l'Artillerie.

12.

Comptes rendus par les Officiers détachés dans les Places.

LES Sous-directeurs, les Capitaines en premier & les Capitaines en second du Corps-royal, qui seront détachés dans les Places, rendront compte aux Directeurs, des détails dont ils seront chargés: les Directeurs en rendront compte au Secrétaire d'État de la guerre, & ils en informeront en même-temps l'Inspecteur général du département.

13.

Les Inspecteurs des manufactures d'armes,

LES Inspecteurs des manufactures d'armes, rendront compte directement au premier Inspecteur; mais ils seront

TITRE IV.

rendront compte au premier Inſpecteur.

obligés d'informer en même-temps l'Inſpecteur général du département, de ce qui ſe paſſera d'eſſentiel dans leſdites manufactures.

Les Officiers employés dans les fonderies & dans les forges, rendront compte auſſi directement au premier Inſpecteur; mais ils n'en feront pas moins aux ordres du Directeur du département, & ils l'informeront de tout ce qui ſe paſſera dans leſdites fonderies & forges.

14.

A qui ſeront laiſſés les papiers concernant l'Artillerie dans les Places.

TOUT Officier du Corps-royal, qui ſe trouvera dans le cas de quitter une Place pour paſſer à une autre deſtination, laiſſera tous les papiers concernant le ſervice dont il étoit chargé, à l'Officier qui viendra le remplacer; ils en dreſſeront enſemble un inventaire dont il ſera fait trois copies qu'ils ſigneront, l'une deſquelles ſera envoyée au Secrétaire d'État ayant le département de la guerre, l'autre ſera gardée par l'Officier remplacé pour lui ſervir de décharge, & la troiſième ſera jointe aux papiers de la Place.

15.

TOUT Officier du Corps-royal, qui recevra des ordres pour s'abſenter momentanément du lieu de ſa réſidence, ou qui ſera obligé d'en partir avant l'arrivée de l'Officier nommé pour le remplacer, laiſſera les papiers dont il étoit chargé, avec leur inventaire, au plus ancien des Officiers dudit Corps, qui ſeront employés ſous ſes ordres dans la même Place, pour être remis par lui à ſon ſucceſſeur; & dans le cas où il ne ſe trouvera dans ladite Place qu'un ſeul Officier du Corps-royal, s'il arrive qu'il ſoit obligé d'en partir avant d'avoir été remplacé, il dépoſera chez le Major de la Place, leſdits papiers renfermés ſous un ſcellé qui ne pourra être levé que par le ſucceſſeur dudit Officier, ou par le Directeur ou Sous-directeur du département; & dans l'un & l'autre cas, l'inventaire deſdits papiers, ſera toujours adreſſé au Secrétaire d'État ayant le département de la guerre, par l'Officier qui les aura laiſſés.

16.

Appoſition des ſcellés ſur les papiers de l'Artillerie, après la mort d'un Officier, & levée deſdits ſcellés.

LORSQU'UN Officier du Corps-royal, employé dans une Place, viendra à mourir, le ſcellé ſera appoſé ſur les papiers concernant le ſervice de l'Artillerie, dont il étoit chargé, par le Major & à ſon défaut par l'Aide-major de la Place, en préſence des autres Officiers du Corps-royal, qui ſe trouveront employés dans la même réſidence; & ledit ſcellé ne pourra de même être levé qu'en leur préſence; il ſera dreſſé en même-temps par leſdits Major ou Aide-major, de concert avec les Officiers du Corps-royal, un inventaire deſdits papiers dont il ſera envoyé une copie au Secrétaire d'État ayant le département de la guerre.

Lorſqu'il ne ſe trouvera pas d'Officier du Corps royal dans la Place, le Major, après avoir appoſé le ſcellé ſur leſdits papiers, ſera tenu d'en avertir ſur le champ le Directeur ou le Sous-directeur du département, qui enverra ſur les lieux un Officier pour retirer leſdits papiers, & le ſcellé ne pourra être levé qu'en préſence dudit Officier.

17.

Tournées des Directeurs.

LES Directeurs dont les départemens ne ſont pas trop étendus, viſiteront au moins une fois l'an, les Places de leurs directions, & ceux dont les Places ſont trop éloignées les unes des autres, les viſiteront au moins une fois tous les deux ans. Ils obſerveront de choiſir, autant que faire ſe pourra, pour cette tournée, le mois de Septembre, pour qu'ils puiſſent voir l'exécution des ouvrages faits pendant l'année, & arrêter, de concert avec les Officiers employés dans chaque Place, les projets & eſtimations des ouvrages à faire l'année ſuivante.

18.

Le Directeur remettra les projets d'ouvrages à l'Inſpecteur.

CHAQUE Directeur remettra tous les ans à l'Inſpecteur général du département, les projets des différens ouvrages & des réparations à faire, tant aux attirails qu'aux bâtimens de l'Artillerie dans les Places de ſa direction; il joindra auxdits projets les plans, profils & élévations qui pourront être néceſſaires, afin de donner à cet Inſpecteur les connoiſſances dont il aura beſoin pour ſon travail d'inſpection. Leſdits projets ſeront communiqués par le Directeur à ceux des Commandans de province, ou Lieutenans généraux commandant les diviſions, qui, par des ordres particuliers, auront été autoriſés à en prendre connoiſſance, afin de les mettre à portée d'envoyer à ce ſujet leurs obſervations au Secrétaire d'État ayant le département de la guerre.

19.

Projets des ouvrages.

LES Capitaines employés dans les Places, ne propoſeront directement aucun ouvrage au Secrétaire d'État ayant le département de la guerre; ils rendront ſeulement compte au Directeur, & en ſon abſence au Sous-directeur du département dans lequel ils ſeront employés, des réparations qu'il leur paroîtra néceſſaire de porter en projet pour l'année ſuivante, ainſi que des ſommes auxquelles pourront monter leſdites réparations.

20.

Exécution des ouvrages; par qui faits.

LORSQUE l'Inſpecteur général aura reçu l'état des ouvrages ordonnés par Sa Majeſté, il enverra à chacun des Directeurs qui ſeront à ſes ordres, une copie collationnée par lui, de ce qui concernera ſa direction. Chaque Directeur enverra de même à ſon Sous-directeur & aux Capitaines employés dans les Places où il y aura quelques ouvrages à exécuter, des copies collationnées par lui, de ce qui concernera leſdits ouvrages. Leſdits Sous-directeurs & Capitaines, dreſſeront les devis & conditions, conformément à chacun des articles portés dans les états qui leur auront été adreſſés; ils les enverront enſuite au Directeur qui en rendra compte à l'Inſpecteur général.

Les conſtructions & réparations d'attirails, continueront de ſe faire par économie.

Les entretiens ordinaires & les réparations de bâtimens, ainſi que les conſtructions de ce genre, dont le prix ne paſſera

paſſera pas mille livres, continueront de même de ſe faire par économie.

Lorſqu'il s'agira de conſtructions conſidérables de bâtimens & magaſins, les marchés s'en feront par adjudication, conformément à l'Ordonnance du 27 juin 1776.

21.

Compte à rendre de l'avancement des ouvrages.

TOUT Officier du Corps-royal, qui ſe trouvera chargé dans une Place, de la conduite de quelques ouvrages de l'Artillerie, adreſſera tous les mois au Directeur du département, un état de l'avancement & de la ſituation deſdits ouvrages, & le Directeur en rendra compte auſſi tous les mois au Secrétaire d'État de la guerre; il en informera de même l'Inſpecteur général.

22.

Conſervation de chaque fonds pour ſon objet.

LESDITS Officiers chargés de l'exécution des ouvrages, ſe conformeront, avec la plus grande exactitude, à l'état de ceux qui seront ordonnés; & ne pourront, ſous quelque prétexte que ce puiſſe être, changer en tout ou en partie, la deſtination des fonds, ſans un ordre du Secrétaire d'État ayant le département de la guerre.

23.

Ouvrages qui peuvent ſe commencer ſans ordre.

SA MAJESTÉ fait pareillement très-expreſſes défenſes aux Inſpecteurs, aux Directeurs & à tous autres Officiers du Corps-royal, chargés ſous leurs ordres, de l'exécution des ouvrages, d'en entreprendre aucun ſans un ordre du Secrétaire d'État de la guerre; à l'exception cependant de ceux qui ne pourroient être différés ſans préjudicier évidemment au ſervice de Sa Majeſté, ainſi qu'à la conſervation & à la ſûreté des munitions, effets & bâtimens de l'Artillerie. Les Directeurs, & même les Officiers employés ſous leurs ordres dans les Places de leurs directions, pourront prendre ſur eux, dans ces cas urgens, de faire travailler aux réparations qui ne pourroient pas ſouffrir de retardement; mais ils en rendront compte ſur le champ au Secrétaire d'État de la guerre, en lui faiſant connoître la néceſſité du parti qu'ils auront pris, & ils lui enverront l'estimation de la dépense à laquelle pourront monter ces réparations : chacun de ces Officiers en rendra pareillement compte à son Supérieur.

24.

Toisé définitif des ouvrages.

LORSQUE les ouvrages qu'il aura été ordonné de faire aux bâtimens destinés au service de l'Artillerie, seront achevés, les Officiers du Corps-royal qui en auront conduit l'exécution, en feront, en présence des Entrepreneurs, le toisé général & définitif, dont ils enverront trois copies au Directeur : celui-ci en adressera une au Secrétaire d'État de la guerre, en même temps que les autres états de dépense, & il en fera un extrait qu'il enverra à l'Inspecteur général pour en former un état apostillé pour son travail d'inspection.

Lorsque les Commandans des provinces ou Lieutenans généraux commandant les divisions, auront des ordres particuliers pour prendre connoissance de ces travaux, les toisés leur en seront adressés pour les approuver.

25.

Dépenses relatives aux attirails d'Artillerie.

IL sera envoyé par le Directeur, au Secrétaire d'État de la guerre, un état de toutes les dépenses relatives aux attirails & autres parties du service de l'Artillerie dans les Arsenaux.

26.

Conditions sous lesquelles un Officier peut s'absenter de sa résidence.

AUCUN des Officiers du Corps-royal, employé dans les Places, ne pourra s'absenter du lieu de sa résidence, sous quelque prétexte que ce soit, sans un congé de Sa Majesté, signé du Secrétaire d'État ayant le département de la guerre, ou sans la permission de son Directeur, ou autre Officier supérieur sous les ordres duquel il sera employé ; & celui-ci ne pourra la lui donner que pour trois jours au plus, en cas que le Commandant de la Place y donne son agrément.

27.

Un Officier peut être tiré

SA MAJESTÉ veut bien aussi permettre aux Inspecteurs

généraux & aux Directeurs, chacun dans l'étendue de son département, de faire passer un Officier du Corps-royal d'une Place dans une autre, à l'occasion d'un travail pressé; mais lorsqu'ils se trouveront dans le cas de faire ces déplacemens, ils en rendront compte sur le champ au Secrétaire d'État de la guerre.

d'une résidence pour être employé dans une autre, par l'Inspecteur & par le Directeur.

28.

Tout Officier qui quittera une Place, sera obligé de demander la permission au Commandant de la Place.

LESDITS Officiers employés dans les Places, soit qu'ils aient reçu des ordres de l'Inspecteur général ou du Directeur du département, pour passer d'une Place dans une autre, soit qu'il leur ait été ordonné par le Secrétaire d'État ayant le département de la guerre, de se rendre à une nouvelle destination, soit enfin qu'ils aient obtenu un congé de Sa Majesté, ne pourront quitter le lieu de leur résidence sans en prévenir le Commandant de la Place. Quant à ceux de ces Officiers dont les fonctions s'étendront hors de la Place de leur résidence ordinaire, ils informeront de leur départ ledit Commandant, qui ne pourra ni les obliger de s'expliquer sur les motifs de leur absence, ni leur rien prescrire sur le temps de leur retour.

29.

Le Commandant de l'Artillerie veillera sur le service du Garde d'Artillerie.

TOUT Officier du Corps-royal commandant l'Artillerie dans une Place, tiendra la main à ce que le Garde-magasin d'Artillerie remplisse exactement les devoirs de son emploi; il veillera particulièrement à ce qu'il ne fasse aucune espèce de remise ou de consommation sans son ordre, ou sans des ordres supérieurs qui seront toujours présentés audit Commandant de l'Artillerie, pour être visés par lui.

Il n'aura pas moins d'attention à ce que les armes soient bien entretenues, & il répondra personnellement des négligences qu'il pourra avoir tolérées dans cette partie.

30.

LESDITS Officiers auront soin aussi d'informer régulièrement leurs Directeurs, de la conduite, application &

capacité desdits Garde-magasins, & ils en rendront compte aux Inspecteurs généraux du Corps-royal, dans chacune de leurs tournées.

31.

Travailleurs de la Garnison.

LORSQU'IL y aura quelques manœuvres à faire dans une Place où il ne se trouvera pas assez de Soldats du Corps-royal pour les exécuter, le Commandant de l'Artillerie s'adressera à celui de la Place, qui lui fera fournir par la garnison les détachemens nécessaires pour l'exécution desdites manœuvres.

32.

Compte que les Directeurs rendront des Officiers qui sont à leurs ordres.

LES Directeurs de l'Artillerie tiendront la main à ce que tous les Officiers du Corps-royal employés sous leurs ordres remplissent les fonctions qui leur seront confiées; ils veilleront à leur conduite, s'attacheront à exciter leur zèle & leur émulation, à développer leurs talens, à s'assurer sur-tout de celles des différentes parties de l'Artillerie auxquelles chacun d'eux paroîtra le plus propre, & ils en rendront compte à la fin de chaque année à l'Inspecteur général.

33.

Compte qu'ils rendront aux Inspecteurs généraux, lors de leurs tournées.

LORSQUE les Inspecteurs généraux feront leur inspection, les Directeurs des départemens leur rendront un compte exact de tout ce qui aura rapport au service de l'Artillerie; ils leur donneront communication de tous les papiers qui leur seront confiés. Les Inspecteurs les vérifieront, & verront si ceux de l'année précédente ont été ajoutés à l'inventaire de ceux qui existoient précédemment: lesdits Directeurs accompagneront les Inspecteurs dans les Places de leurs directions, si ceux-ci le jugent nécessaire.

34.

Défenses de communiquer les papiers de l'Artillerie.

SA MAJESTÉ fait très-expresses défenses, sous les peines les plus graves, à tous Officiers du Corps-royal, de communiquer à qui que ce soit qu'à leurs supérieurs & aux Officiers généraux, sans un ordre du Secrétaire d'État ayant

ayant le département de la guerre, les papiers concernant l'Artillerie, ni les plans qui pourront leur avoir été confiés.

35.

Les Gardes d'Artillerie sont responsables des Effets qui sont à leur charge.

LES Gardes d'Artillerie seront responsables des Effets qui seront dans leurs magasins, & en conséquence ils en auront seuls les clés, à l'exception cependant des magasins à poudre dont les portes doivent être garnies de trois serrures différentes, ainsi que de trois clés, une desquelles sera remise au Commandant de la Place, une autre au Commandant de l'Artillerie, & la troisième restera au Garde, de façon qu'il ne puisse ouvrir lesdits magasins sans la participation de ces deux Commandans.

36.

Les Gardes d'Artillerie seront payés sur les revues des Commissaires des guerres.

Leurs fonctions.

LES Gardes d'Artillerie, ainsi que les Sous-gardes établis dans quelques Places pour les aider dans leurs fonctions, seront payés des appointemens qui leur seront réglés, sur les revues des Commissaires des guerres & du Corps-royal: chacun desdits Gardes exécutera ce qui lui sera ordonné pour le service, par l'Officier qui commandera l'Artillerie dans la Place, & il se conformera, tant pour la tenue de ses registres & papiers, que pour tout ce qui peut avoir rapport à la comptabilité, à ce qui lui sera prescrit par le Commissaire des guerres & du Corps-royal. Lesdits Gardes & Sous-gardes, ainsi que les Chefs des Ouvriers de chaque Arsenal, auront dans les manœuvres & travaux de l'Artillerie, le commandement sur les Sergens-majors, Sergens-fourriers & Soldats des Troupes qui seront détachées pour lesdites manœuvres.

37.

Registres tenus par les Gardes.

CHAQUE Garde d'Artillerie, aura deux registres cotés & paraphés par le Commissaire des guerres & du Corps-royal; dans l'un, il transcrira proprement l'inventaire de tous les effets & munitions qui seront confiés à sa garde, & qui y seront détaillés conformément au modèle qui lui sera remis; il portera dans un second registre, jour par jour, les effets qui lui seront remis & ceux qu'il aura délivrés de ses magasins.

38.

Ils ne pourront rien délivrer sans l'ordre d'un Officier du Corps-royal.

AUCUN desdits Gardes ne pourra délivrer ni consommer aucun effet ni munitions, sans l'ordre par écrit de l'Officier qui commandera l'Artillerie dans la Place.

39.

Inventaires qu'ils enverront tous les ans.

CHACUN desdits Gardes dressera tous les ans, dans la forme ordinaire, un nouvel inventaire des effets & munitions d'Artillerie dont il sera chargé; il sera fait cinq expéditions dudit inventaire, qui seront signées de lui, certifiées par l'Officier chargé du détail de l'Artillerie de la Place, vérifiées par le Commissaire des guerres & du Corps-royal, & visées par le Directeur ou Sous-directeur quand ils seront présens: l'une de ces expéditions sera envoyée, dans les premiers quinze jours de chaque année, au Secrétaire d'État ayant le département de la guerre; la seconde à l'Inspecteur général, la troisième au Directeur, la quatrième à l'Officier qui commandera l'Artillerie dans la Place, & la cinquième au Commissaire des guerres & du Corps-royal. Le Garde d'Artillerie sera aussi tenu de remettre une copie dudit inventaire au Commandant de la Place lorsque celui-ci l'exigera.

40.

État de remises & de consommations à envoyer tous les trois mois.

LESDITS Gardes seront tenus aussi de dresser tous les trois mois, cinq états détaillés des remises & consommations qui auront été faites dans les magasins de l'Artillerie: ces états seront signés, vérifiés & visés, comme il est ordonné par l'article précédent, & ils auront les mêmes destinations.

41.

Conducteurs du charroi. Leurs fonctions.

SA MAJESTÉ supprime la place de Conducteur général de charroi à l'arsenal de Paris, & en conserve cependant les appointemens & logement à celui qui en est actuellement pourvu; Elle conserve les deux Conducteurs attachés à chacune des anciennes Écoles, & ils continueront de faire le service de la Place & de l'École, ainsi qu'il sera expliqué au Titre *concernant le service des Écoles.*

42.

Artificiers. Leurs fonctions.

LES Artificiers attachés aux Places, continueront d'y faire leur service particulier, & d'aider à la conduite des manœuvres de l'Artillerie; & ceux qui seront attachés aux Écoles seront spécialement chargés, sous les ordres des Commandans desdites Écoles, de l'instruction des Artificiers & autres Soldats du Corps-royal.

43.

Ouvriers d'État. Leurs fonctions.

LES Ouvriers d'État ordinaires qui sont actuellement entretenus dans les Arsenaux de construction, seront aux ordres des Directeurs desdits Arsenaux, & travailleront journellement aux constructions & radoubs des attirails de l'Artillerie.

44.

Canonniers d'État. Leurs fonctions.

LES Canonniers d'État, employés dans les Places, continueront d'y faire le service aux ordres de ceux qui y commanderont l'Artillerie.

45.

Tous les Employés seront payés sur les revues des Commissaires.

LES Conducteurs du charroi, les Artificiers, les Ouvriers & Canonniers d'État, seront payés de leurs appointemens sur les revues des Commissaires des guerres & du Corps-royal.

46.

Résidences des Commissaires des guerres & du Corps-royal.

LES Commissaires des guerres & du Corps-royal de l'Artillerie, résideront dans les lieux qui leur seront indiqués, & ne pourront s'absenter de leurs départemens sans une permission du Secrétaire d'État ayant le département de la guerre.

47.

Revues qu'ils doivent faire

ILS feront les revues des régimens & détachemens du Corps-royal, qui se trouveront dans l'étendue de leurs départemens, ainsi que des Officiers de ce Corps, détachés dans les Places & aux Écoles, des Ouvriers, des Canonniers d'État & des Employés de l'Artillerie.

Extraits de revue; à qui remis.

Les extraits desdites revues, seront remis par ces Commissaires aux Majors ou Officiers chargés du détail des Troupes qu'ils passeront en revue, ainsi qu'aux Commis des Trésoriers généraux du Corps-royal, pour servir au payement des appointemens & solde des Officiers, Soldats, Ouvriers, Canonniers d'État & Employés; & enfin aux différens fournisseurs de pain, Entrepreneurs d'hôpitaux, de lits militaires, & tous autres qui sont dans le cas de faire quelques fournitures aux troupes du Corps-royal. Lesdits Commissaires enverront de pareils extraits au Secrétaire d'État ayant le département de la guerre, & aux Intendans sous les ordres desquels ils se trouveront.

48.

Vérification qu'ils doivent faire des papiers des Gardes d'Artillerie.

ILS coteront & parapheront les registres que les Gardes d'Artillerie doivent tenir, & ils vérifieront généralement toutes les pièces qui doivent servir à leur décharge, & justifier les remises & consommations qu'ils feront.

49.

ILS vérifieront pareillement les inventaires & les états de remises & consommations, ainsi que les dépenses de toute espèce concernant le service de l'Artillerie.

50.

Tournées qu'ils feront.

ILS feront tous les ans la tournée des Places de leurs départemens, & il leur sera adressé par le Secrétaire d'État ayant le département de la guerre, l'état des magasins dont il sera jugé à propos qu'ils fassent une vérification exacte: en conséquence de cet ordre, ils examineront conjointement avec les Officiers du Corps-royal employés dans les Places, tous les effets d'Artillerie qui se trouveront dans les magasins qui leur seront indiqués; & d'après cet examèn, ils en dresseront un procès-verbal assez détaillé, pour qu'on puisse connoître, non-seulement la quantité & la qualité des

des Effets, mais encore ceux qui seront en état de servir, ceux qui auront besoin d'être réparés, & ceux qui seront totalement hors de service; ils adresseront ce procès-verbal au Secrétaire d'État ayant le département de la guerre.

51.

Apposition des scellés sur les papiers d'un Garde d'Artillerie, qui viendra à mourir.

LORSQU'UN Garde d'Artillerie mourra, le Major de la Place avec un Officier d'Artillerie, s'il s'y en trouve, se transportera dans la maison de ce Garde pour mettre le scellé sur ses papiers, à la réserve des registres qui seront remis à l'Officier d'Artillerie, après en avoir vérifié le nombre de feuilles: toutes les clés des magasins seront déposées chez le Commandant de la Place, & s'il est nécessaire, pour quelque raison que ce soit, d'entrer dans lesdits magasins, le Commandant de la Place nommera un Aide-major pour y aller avec l'Officier d'Artillerie, & chacun d'eux tiendra un état de ce qui pourra entrer dans lesdits magasins & en sortir.

S'il n'y a point d'Officier d'Artillerie dans la Place, le Major fera seul ce qui est ordonné ci-dessus pour ce qui concerne le scellé & les clés; & s'il est nécessaire de tirer ou de déposer quelque chose dans les magasins, le Commandant de la Place nommera quelqu'un pour en aller faire l'ouverture, & dresser un état de ce qui sera délivré ou remis; lequel état sera certifié par un Officier de l'État-major, qui sera toujours présent toutes les fois que les magasins seront ouverts, & en fera rapporter les clés chez le Commandant.

A la mort d'un Garde d'Artillerie dans une Place où il y a un Arsenal de construction, on prendra les précautions spécifiées ci-dessus pour les magasins dans lesquels on n'est pas obligé d'entrer journellement.

Quant à ceux qui doivent de nécessité rester ouverts pour fournir aux consommations journalières des travaux, le Commandant de la Place nommera quelqu'un pour assister, conjointement avec celui que le Directeur aura nommé, aux consommations & remises qu'il sera nécessaire de faire: ces personnes signeront l'état qui en sera dressé; & s'il se trouve sur le lieu des héritiers du Garde défunt, ils pourront aussi nommer de leur part quelqu'un pour assister auxdites remises & consommations, & en signer l'état conjointement avec les personnes susdites.

Ces formalités auront lieu jusqu'à l'installation du nouveau Garde.

52.

Vérification des magasins, après la mort d'un Garde.

LORSQU'IL aura été nommé à une place de Garde d'Artillerie vacante, le Commissaire des guerres & du Corps-royal, se transportera sur les lieux pour être présent à la vérification & à la description qui seront faites des effets qui se trouveront dans les magasins; & il sera procédé à cette opération, en présence de l'Officier commandant l'Artillerie, qui sera chargé d'installer le nouveau Garde. Lesdits Commissaires auront attention de faire signer, par ce nouveau Garde, une reconnoissance au bas de l'inventaire, des effets, attirails & munitions qui se seront trouvés dans lesdits magasins.

53.

Marchés au-dessus de mille livres; par qui faits.

TOUS les marchés concernant le service de l'Artillerie pour des objets au-dessus de mille livres, seront passés dans la forme prescrite par l'Ordonnance du 27 juin 1776; à l'exception toutefois des marchés que le Secrétaire d'État de la guerre jugera à propos de passer directement, & de ceux qui seront passés en conséquence des soumissions qu'il aura approuvées. Quant aux objets au-dessous de mille livres, les marchés en seront passés par-devant le Directeur, de concert avec les Commissaires des guerres & du Corps-royal.

54.

Vérification des dépenses faites pour constructions & réparations d'attirails.

LORSQU'IL sera question de construire ou de réparer des effets & attirails d'Artillerie, en conséquence des états arrêtés par le Secrétaire d'État de la guerre, les Commissaires des guerres & du Corps-royal en seront avertis, &

ſe tranſporteront dans les lieux où l'on travaillera; ils auront attention de vérifier toutes les pièces de dépenſes, ſoit en deniers, ſoit en effets, leſquelles ſeront auparavant arrêtées par le Directeur. Les premières ne pourront être allouées dans les comptes du Tréſorier, qu'autant qu'elles ſeront revêtues de cette formalité & ordonnancées par les Intendans, & les dernières ne pourront ſervir à la décharge du Garde d'Artillerie, à moins qu'elles ne ſoient vérifiées par le Commiſſaire des guerres & du Corps-royal.

55.

Les Commiſſaire des guerres aſſiſteront à l'épreuve des poudres.

IL ſera donné avis aux Commiſſaires des guerres & du Corps-royal, des épreuves de poudre qui devront ſe faire dans leurs départemens; & ils ſeront tenus de s'y tranſporter, afin d'être préſens à l'épreuve & à la réception qui en ſeront faites par les Directeurs ou par le plus ancien Officier d'Artillerie employé dans la Place. Ils dreſſeront & ſigneront le procès-verbal d'épreuve, & délivreront les certificats de réception à l'Entrepreneur général, pour obtenir ſon payement; ils veilleront à ce que ces poudres ſoient exactement peſées & convenablement embarillées.

56.

Fonctions des Commiſſaires dans les fonderies

COMME les fontes de l'Artillerie demandent la plus grande attention, il y aura un Commiſſaire du Corps-royal dans chacune des villes du royaume où il exiſte une fonderie; lequel tiendra, de concert avec l'Officier chargé de l'inſpection de la fonderie, un état de chaque pièce de métal qui entrera dans les charges des fourneaux, en diſtinguant les quantités de métaux neufs & vieux qui ſeront employés: Il aſſiſtera auſſi aux épreuves de canons, mortiers & autres pièces d'Artillerie, & il en dreſſera & ſignera les procès-verbaux; tous les Officiers du Corps-royal, employés dans leſdites Places, ſeront appelés à ces épreuves.

57.

LEDIT Commiſſaire ſera tenu de vérifier l'exiſtence &

la ſituation des outils & uſtenſiles fournis par Sa Majeſté, & dont le Fondeur eſt chargé.

58.

Ils aſſiſteront aux remiſes faites par les Fourniſſeurs & Entrepreneurs.

LES Commiſſaires des guerres & du Corps-royal, ſeront tenus de ſe tranſporter dans les Places de leurs départemens, pour être préſens aux remiſes qui s'y feront pendant le cours de l'année, par les Marchands, Entrepreneurs, Fourniſſeurs & autres, auxquels il aura été paſſé des marchés particuliers: En conſéquence, il ſera donné avis auxdits Commiſſaires du temps auquel les fournitures devront être livrées dans les magaſins, afin qu'ils puiſſent s'y rendre à temps pour examiner ſi les fournitures ſont conformes aux marchés. Ils dreſſeront des procès-verbaux de ces remiſes, leſquels ſeront ſignés, tant par eux que par l'Officier commandant l'Artillerie dans la Place, en préſence duquel ils ſeront faits, & qui aura particulièrement attention de vérifier la qualité des fournitures. Les Commiſſaires chargeront de ces effets les Gardes d'Artillerie, qui en donneront leurs reçus au bas des procès-verbaux; & ce ne ſera qu'en rapportant leſdits procès-verbaux revêtus de ces formalités, que les Entrepreneurs ou Fourniſſeurs pourront être autoriſés à demander le payement de leurs fournitures, parmi leſquels, s'il s'en trouve qui ne ſoient pas conformes aux clauſes des marchés, les Commiſſaires du Corps-royal, en rendront compte au Secrétaire d'État de la guerre, & en préviendront le Directeur du département, ainſi que l'Intendant.

TITRE V.

Du ſervice des Mineurs dans les Places.

ARTICLE PREMIER.

Plans des Places à remettre au Commandant des Mineurs.

LORSQU'IL s'agira de préparer dans une Place, des défenſes par les contre-mines, ou d'exécuter des mines de démolition,

démolition, le Commandant des Ingénieurs remettra à celui des Mineurs, sur son reçu, un extrait du Plan-directeur de la Place, & des profils des parties de la fortification, dont la connoissance lui sera nécessaire pour l'exécution de ses projets.

2.

Devis des mines à remettre à l'Ingénieur.

QUAND il faudra exécuter un projet de mines qui aura été arrêté & ordonné par Sa Majesté, il en sera dressé par le Commandant des Mineurs, des devis signés de lui; lesquels seront remis à l'Ingénieur en chef, pour que, sur ces devis, le Commandant du Génie & celui des Mineurs, passent, de concert & conformément à l'Ordonnance du 27 juin 1776, les marchés pour la fourniture des matériaux qu'ils auront jugés ensemble être nécessaires à l'exécution dudit projet.

3.

Choix des fronts à décider entre les Ingénieurs & les Mineurs.

DANS le cas où il n'y auroit point de projets arrêtés par Sa Majesté, & où l'on ne pourroit pas attendre des ordres à ce sujet, le Commandant du Génie & celui des Mineurs, se réuniront chez celui des deux qui sera le plus élevé en grade, ou le plus ancien à grade égal, pour convenir ensemble du choix des parties de la fortification qu'il seroit le plus à propos de contre-miner: Ils iront ensuite faire part au Commandant de la Place, du résultat de leurs réflexions, & prendront ses ordres.

4.

Le Commandant des Mineurs, chargé exclusivement de l'exécution des projets de mines.

LE front étant déterminé, le Commandant des Mineurs proposera & dirigera les opérations, sera chargé de leur exécution, en rendra compte directement au Commandant de la Place, prendra immédiatement ses ordres sur ce qui regardera son service, & informera de tout, par des Mémoires & des Plans, le Secrétaire d'État ayant le département de la guerre.

5.

LORSQUE les Mineurs exécuteront des travaux de

TITRE V.

Travaux des Mineurs à la fortification, tracés & arrêtés par l'Ingénieur.

fortification, autres que ceux des contre-mines, comme coupures, poternes & autres souterrains, l'Ingénieur en chef en marquera la position sur le terrein, & en remettra les plans, coupes & profils aux Officiers de Mineurs qui seront tenus de s'y conformer exactement, & seront seuls chargés de la direction du travail de leurs Soldats : bien entendu cependant que le Commandant du Génie suivra les travaux dont il est question dans cet article & dans le précédent, autant qu'il le jugera nécessaire pour se mettre en état d'en faire les toisés dont il sera chargé ci-après.

6.

Poudre & outils fournis par l'Artillerie.

LES poudres dont les Mineurs auront besoin, ainsi que les outils & ustensiles, seront tirés des magasins de l'Artillerie, sur le reçu du Commandant des Mineurs ; & quand les travaux seront finis, ledit Commandant fera remettre au Garde d'Artillerie, un état de ce qu'il aura consommé, ainsi que des effets qui lui resteront & qu'il aura soin de faire remettre audit Garde, en en tirant un reçu, & en lui faisant transcrire cette remise sur son registre.

7.

Toisés définitifs des travaux de mines.

LORSQUE les travaux de mines seront achevés, l'Ingénieur en chef, en présence du Commandant & des autres Officiers de Mineurs, en fera le toisé général & définitif, qu'ils signeront tous ; lequel toisé servira au payement des Mineurs qui aura été réglé par l'Ingénieur en chef, suivant la circonstance & la nature du travail, de concert avec le Commandant des Mineurs en présence du Commandant de la Place.

8.

Lesdits travaux inscrits dans le livre in-folio de l'Ingénieur.

LES plans & les profils relatifs aux toisés & attachemens généraux des ouvrages des mines, seront inscrits au même instant qu'ils seront pris, dans le livre *in-folio* de l'Ingénieur en chef, destiné à cet usage pour les autres ouvrages de la fortification, & ils seront signés par le Commandant des Mineurs.

9.

Défenses aux Officiers des Mineurs, de communiquer ou conserver des plans.

LE Commandant des Mineurs, ne pourra, sous les peines les plus graves, laisser prendre ou conserver pour lui, aucune copie des plans qui lui auront été communiqués, ni de ceux des contre-mines qu'il aura exécutées; & lorsque lesdits travaux seront finis, il remettra lesdits plans au Commandant des Ingénieurs, en retirant son reçu.

10.

Officiers de Mineurs, instruits par le Commandant, du projet des contre-mines.

LORSQUE le Commandant des Mineurs établira quelques contre-mines, il se fera accompagner & aider par les Officiers de Mineurs qu'il aura sous ses ordres, & auxquels il expliquera les raisons qui le déterminent dans la disposition de ses galeries, l'usage qu'il se propose d'en faire pour la défense de la Place, ainsi que les différentes opérations de leur construction. Il délivrera à ceux qui en seront chargés, partie des plans & les devis qui leur seront nécessaires; lesquels plans lesdits Officiers auront soin de lui remettre lorsque les travaux seront finis, & de n'en conserver ni laisser prendre aucune copie, sous peine d'être cassés, & même de plus grande punition, suivant l'exigence du cas.

11.

Défenses de laisser fréquenter les mines.

L'INTENTION de Sa Majesté est que l'on empêche avec soin les fréquentations des lieux où l'on exécute quelques travaux de mines, & que personne ne puisse visiter les galeries, qu'avec un ordre par écrit du Commandant de la Place.

TITRE VI.

Du service en général dans les anciennes Écoles du Corps-royal.

ARTICLE PREMIER.

CHACUNE des anciennes Écoles du Corps-royal d l'Artillerie, sera commandée par l'Officier que Sa Majest nommera à cet emploi, & en ſon abſence par le Colonel ou le Lieutenant-colonel du régiment qui tiendra garniſon dans la ville où ladite École ſera établie; & lorſqu'il y aura deux régimens dans une même École, ce commandement paſſera au plus élevé en grade, ou au plus ancien à grade égal des deux régimens.

2.

Les Officiers ſupérieurs aſſiſteront à l'École de pratique.

LE Commandant de l'école, ſuivra par lui-même, autant qu'il le pourra, les exercices de pratique; mais le Colonel & le Lieutenant-colonel, ſeront alternativement commandés pour y préſider: à la fin de ces exercices, ils informeront le Commandant, des progrès & de l'aſſiduité des Officiers, afin de le mettre en état d'en rendre compte à l'Inſpecteur du département & au premier Inſpecteur.

3.

Le Colonel & le Lieutenant-colonel remplacés aux exercices de pratique, par les Chefs de brigade.

LORSQUE le Colonel ou le Lieutenant-colonel ſeront abſens ou malades, ils ſeront remplacés à l'École de pratique par le premier Chef de brigade du bataillon qui aura été commandé ce jour-là pour ladite École, & le Major ſuppléera les Chefs de brigade.

4.

Maîtres entretenus dans chaque École.

SA MAJESTÉ continuera d'entretenir dans chaque École du Corps-royal, un Profeſſeur de Mathématiques, un Aide-profeſſeur ou Répétiteur, & un Maître de deſſin: Il y aura en outre un Directeur du parc, un Sous-directeur & deux Conducteurs du charroi, dont un ſera chargé des détails de Garde d'Artillerie du parc. Les fonctions des Officiers & Employés, ſeront ci-après détaillées.

5.

École de Théorie & de Pratique.

IL y aura une école de Théorie ou de Pratique alternativement tous les jours de la ſemaine, excepté les Dimanches & Fêtes. Les jours de Théorie ſeront décidés par les jours de marchés, pendant leſquels le tir du canon pourroit incommoder davantage le concours des habitans.

6. LES

6.

Le Chef de brigade & le Major, rouleront entr'eux pour commander chaque jour aux écoles de Théorie; ce qui ne dispensera pas le Colonel & le Lieutenant-colonel d'y assister, autant que leurs autres fonctions pourront le leur permettre.

Chefs de brigades & Majors, rouleront pour le commandement à l'École de Théorie.

Il sera aussi commandé un Capitaine pour présider auxdites Écoles, sous l'autorité du Chef de brigade ou Major.

Un Capitaine y présidera.

7.

L'École de pratique aura lieu le plus matin qu'il se pourra, dans les trois jours de la semaine qui lui seront assignés.

8.

On observera de faire fournir les Gardes & les Travailleurs par un même bataillon, afin que celui qui sera commandé pour l'École de pratique, puisse y aller en entier.

Gardes & Travailleurs pour l'École.

TITRE VII.

Des Exercices de Théorie & de Pratique dans les anciennes Écoles.

Article premier.

On mènera chaque fois à l'École de pratique la moitié des Canonniers & Sapeurs de chaque régiment, c'est-à-dire, un bataillon. Quant aux Bombardiers, le Commandant de l'École les y fera aller tous, de deux exercices l'un, ou tous les jours d'exercice, s'il le juge à propos; & dans ce cas, il sera le maître de les exempter de la garde & des travaux, en tout ou en partie.

Partie du régiment doit aller chaque jour à l'École de Pratique.

2.

Les compagnies de Sapeurs qui dans les siéges ne

Instruction des Sapeurs.

doivent être occupées qu'à la ſape, devant néanmoins, dans les autres circonſtances de la guerre, être employées à ſervir le canon de bataille, ſeront inſtruites; 1.° à la ſape; 2.° à l'exécution du canon de bataille; 3.° à la partie de l'artifice relative à la conſervation & aux réparations des munitions néceſſaires à ce canon; 4.° enfin aux différentes manœuvres. Leurs inſtructions ſur ces divers objets ſeront partagées de façon que de huit exercices elles en emploient un à la manœuvre, un à l'artifice, deux au canon de bataille & quatre à la ſape.

3.

Inſtruction des Canonniers.

LES compagnies de Canonniers auront quatre objets d'inſtructions; ſavoir, la conſtruction des batteries, la manœuvre, la partie de l'artifice qui leur eſt propre, & enfin le tir du canon qui ſe ſubdiviſe en canon de place, de ſiége & de bataille. Ces compagnies feront le ſervice du canon de place par demi-eſcouades, & ſerviront l'autre canon par des eſcouades entières. On emploîra, chaque jour d'exercice, une demi-compagnie au tir de quatre pièces de place, une compagnie & demie au tir de ſix pièces de ſiége, deux compagnies à l'exécution de huit pièces de bataille, deux autres à la conſtruction des batteries, & la ſeptième compagnie ſera occupée une fois à la manœuvre & une fois à l'artifice; de ſorte qu'en quatorze exercices un Canonnier aura paſſé une fois au tir du canon de place, à la manœuvre & à l'artifice, trois fois au tir du canon de ſiége, quatre fois à celui du canon de bataille & quatre fois à la conſtruction des batteries.

4.

Inſtruction des Bombardiers.

LES compagnies de Bombardiers auront ſix objets d'inſtruction; ſavoir; le ſervice des mortiers & pierriers, celui des obuſiers, le tir du canon de bataille, la conſtruction des batteries, l'artifice & la manœuvre. Elles ſerviront les mortiers & les pierriers par demi-eſcouades, & feront les autres ſervices par eſcouades entières. On emploîra, chaque jour d'École, une compagnie pour ſervir huit mortiers ou pierriers, & une autre pour servir quatre obusiers. La troisième compagnie sera employée, de deux Écoles l'une, alternativement au canon de réserve & à la construction des batteries, & la quatrième aussi alternativement à l'artifice & à la manœuvre ; de sorte qu'en huit Écoles un Bombardier aura passé deux fois au service du mortier, autant à celui des obusiers, & une fois seulement au canon de bataille, à la construction des batteries, à l'artifice & à la manœuvre.

5.

Bouches-à-feu à mettre en batterie, & à manœuvrer en plaine.

POUR exercer les Sapeurs, Canonniers & Bombardiers, comme il est ordonné par les articles précédens, on mettra en batteries six pièces de canon, montées en affût de siége, dont trois du calibre de 24, & trois de celui de 16; quatre autres pièces montées en affût de place, dont une de 16, deux de 12 & une de 8; deux obusiers de 8 pouces, trois mortiers de 12 pouces, trois de 8 pouces, & deux pierriers; & pour manœuvrer en plaine, on aura quatre pièces de canon de chacun des calibres de 12, 8 & 4, montés sur des affûts de bataille, & deux obusiers de 6 pouces.

6.

Les Sapeurs travailleront armés.

ÉTANT nécessaire d'accoutumer les Sapeurs à travailler avec leurs cuirasses & leurs pots-en-tête, afin de prévenir qu'ils n'en soient trop incommodés à la guerre, faute d'habitude, on observera de les armer dans les Écoles, comme s'ils avoient à craindre le feu de l'Ennemi, & on ne leur permettra pas de quitter leur armement pendant la durée du travail.

7.

L'exerci. du canon & des morti. par qui comma.

LA manœuvre du canon & des mortiers n'étant jamais commandée à la guerre par les Officiers de l'État-major des régimens, & l'étant toujours par les Officiers des compagnies, les Capitaines desdites compagnies la commanderont aux Écoles ; cependant chacun d'eux aura attention d'en charger ordinairement ses subalternes pour les y accoutumer.

Il en sera de même pour les manœuvres d'Artillerie, qui seront toujours commandées par les Capitaines & les Officiers des compagnies.

Le Commandant de l'École aura soin aussi de faire faire à l'École de pratique le service de Soldat par les Officiers qui entreront dans les régimens, pendant le temps qu'il jugera nécessaire pour leur apprendre à servir les différentes bouches-à-feu, & à pouvoir exécuter eux-mêmes toutes les manœuvres qu'ils seront dans le cas de commander par la suite; ils ne feront aucun service d'Officier, qu'ils n'aient été jugés par ledit Commandant d'École, être suffisamment instruits dans tous les exercices de pratique.

8.

Choix du Directeur & du Sous-directeur du Parc, ainsi que leurs Aides.

Le Directeur du parc de l'École établie par l'article 4 du Titre VI de la présente Ordonnance, sera choisi parmi les Capitaines en premier du régiment; le Sous-directeur du parc le sera parmi les Capitaines en second attachés à l'École: l'un & l'autre seront proposés par le Commandant de l'École au Secrétaire d'État de la guerre, qui les nommera. Le Commandant pourra donner au Directeur, un Lieutenant en premier: & au Sous-directeur, un Lieutenant en second, pour les aider; observant que le Lieutenant en premier soit du même bataillon que le Directeur, & que le Lieutenant en second soit de l'autre bataillon: par ce moyen le Directeur & son Aide feront le service de leurs compagnies, quand leur bataillon sera d'École; & ce jour-là, le Sous-directeur & son Aide feront leurs fonctions.

Leur service.

Le Directeur & le Sous-directeur pourront alterner entr'eux, pour les jours d'exercice auquel le bataillon du Directeur ne sera pas d'École; mais l'Aide du Sous-directeur fera toujours le service à sa compagnie, quand elle sera d'exercice. Le Commandant pourra, s'il le juge

à propos

à propos, dispenser le Directeur de présider à son tour à la salle de Mathématiques.

9.

Fonctions du Directeur.

LE Directeur du parc sera chargé, sous l'autorité du Commandant en chef, de pourvoir le parc de l'École de tout ce qui y sera nécessaire; il y commandera sous la même autorité, & y fera placer les gardes & sentinelles qu'il jugera convenables; il aura toute autorité sur le Garde du parc, & il veillera à ce qu'il remplisse avec exactitude les fonctions de son emploi; il veillera pareillement à l'entretien des attirails & des bâtimens destinés à les renfermer, & rendra compte au Commandant de tout ce qui pourra mériter son attention.

10.

Fonctions du Sous-directeur.

LE Sous-directeur du parc aidera le Directeur dans toutes ses fonctions & le remplacera au besoin.

11.

Fonctions des Conducteurs & Gardes du Parc.

L'UN des Conducteurs du charroi, fera les fonctions de Garde d'Artillerie du parc, & l'autre le service de la direction de l'Artillerie, de façon que chacun d'eux remplira l'un ou l'autre de ces services.

Comme presque toutes leurs opérations ne peuvent se faire sans le secours de Soldats dont ils puissent disposer, Sa Majesté donne aux Conducteurs le rang de Sergent-major.

12.

CELUI qui fera les fonctions de Garde, se chargera au commencement de l'année, de toutes les bouches-à-feu, effets, munitions & attirails d'Artillerie, composant l'équipage du parc de l'École, par un inventaire fait en présence du Directeur du parc, lequel sera transcrit sur un registre qui sera coté & paraphé par le Commissaire des guerres & du Corps-royal: ce Garde aura un second registre qui sera pareillement coté & paraphé, & sur lequel il transcrira les remises & consommations d'effets & de munitions qui se feront journellement; il formera tous les trois mois, un état de ces remises & consommations; & lors des changemens des Gardes, il sera fait une vérification réelle des effets dont il aura été chargé, après quoi on procédera à l'installation de son successeur & à un nouvel inventaire.

13.

Le Garde d'Artillerie du parc, ne fera aucune livraison des munitions ou effets qui seront à sa charge, sans un ordre du Directeur; & il sera tenu de se conformer à tout ce qui est prescrit pour les Gardes d'Artillerie, dans les Places & aux Armées.

14.

Inventaires & états de remises & de consommations; par qui certifiés & envoyés.

Les inventaires & les états de remises & consommations, seront non-seulement certifiés par les Gardes d'Artillerie, mais aussi par le Directeur & le Sous-directeur du parc; ils seront ensuite vérifiés par le Commissaire des guerres & du Corps-royal employé dans le département, & visés par le Commandant de l'École: le Directeur du parc adressera tous les ans, une expédition de cet inventaire au Secrétaire d'État ayant le département de la guerre, & tous les trois mois les états de remises & de consommations.

15.

Constructions & réparations; par qui proposées.

Le Commandant de l'École auquel le Directeur du parc rendra compte journellement des consommations, des effets à remplacer, des dépenses faites & des dépenses à faire, décidera, relativement à l'état des fonds accordés pour l'École, des projets de constructions & de réparations qui pourront être proposés, & il en enverra les états à la fin de chaque année, au Secrétaire d'État ayant le département de la guerre, pour être approuvés: ils seront signés du Directeur du parc & visés par ledit Commandant.

16.

Remises & consommations de l'École de Dessin.

Le Directeur & le Sous-directeur du parc, seront chargés de veiller de même aux remises & consommations de l'École de deſſin : ils en fourniront des états particuliers ; & il en ſera uſé, ſoit pour les dépenſes faites, ſoit pour les dépenſes à faire, comme il eſt ordonné par l'article précédent pour celles du parc ; en obſervant de ne pas excéder, tant pour les unes que pour les autres, les fonds qui leur ſeront accordés.

17.

LES trois jours de la ſemaine qui ne ſeront pas employés à l'École de pratique, le Profeſſeur ouvrira tous les matins, à neuf heures, la ſalle de Mathématiques, qui ſe tiendra pendant trois heures.

18.

Salle de Mathématiques.

CES trois heures ſeront diviſées en deux parties, d'une heure & demie chacune.

Les Officiers qui devront ſe trouver à la ſalle, ſeront auſſi diviſés en deux claſſes, qui ſeront réglées par le Commandant de l'École, ſuivant la capacité deſdits Officiers, & ſans égard à leur ancienneté.

19.

LA première claſſe ſera compoſée des Officiers les moins inſtruits ; ils y ſeront d'abord entretenus & raffermis dans les premiers principes : après quoi on leur donnera des leçons du Calcul littéral & de l'application de l'Algèbre à la Géométrie.

On leur fera faire auſſi des applications de la théorie à la pratique ; & on aura attention de diriger toutes ces inſtructions, ſur-tout aux objets les plus néceſſaires à un Officier d'Artillerie.

20.

ON expliquera, dans la ſeconde claſſe, les Mécaniques & l'Hydraulique, qu'on appliquera auſſi aux machines en uſage, & qui peuvent être utiles à l'Artillerie ; on donnera aux Officiers qui compoſeront cette claſſe, des leçons de fortifications, dans leſquelles on diſcutera les avantages & les imperfections des différens ſyſtèmes. On donnera auſſi à cette classe, pendant une partie de l'année, au choix du Commandant, des leçons abrégées de Physique & de Chimie, sur les parties dont la connoissance est utile à l'Artillerie.

21.

Officiers qui doivent s'y trouver.

LES Lieutenans en troisième, seront dispensés de ces salles; les Lieutenans en second & tous les Lieutenans en premier, seront obligés de s'y trouver à l'heure indiquée, & d'y suivre, chacun dans la classe où il aura été placé, les instructions qui y seront données.

Ceux qui pourront en être exemptés.

Si cependant quelques-uns de ces Officiers étoient reconnus, par l'Inspecteur, avoir des connoissances supérieures à celles qu'on donnera à la salle, il pourra les en exempter pour les mettre à portée d'employer plus utilement leur temps chez eux.

22.

Compte à rendre des Officiers qui auront manqué à la salle.

L'INTENTION du Roi étant qu'aucun des Officiers qui doivent assister à cette salle, ou à toute autre instruction, ne s'en dispense pas sans des raisons légitimes; celui qui en aura de cette nature, en fera informer l'Aide-major, chez lequel le Lieutenant en troisième de semaine ira en prendre l'état pour le porter à celui qui commandera ladite instruction, & lui rendre compte des raisons de leur absence: ce Commandant en rendra compte au Commandant de l'École, qui fera mettre aux arrêts & même en prison, suivant l'exigence du cas, ceux qui se seront absentés sans cause légitime.

23.

Assemblées des Capitaines.

LES Capitaines s'assembleront un jour de chaque semaine, au choix du Commandant, dans la salle de Mathématiques, pour y traiter, par forme de conférence, les différentes parties de l'Artillerie: ces assemblées se tiendront l'un des jours d'École de pratique, dans le temps de l'année où elle aura lieu, depuis quatre heures jusqu'à six de l'après-midi, & depuis dix heures du matin jusqu'à midi lorsque lesdits exercices auront cessé.

24. ON

24.

Matières qu'on y traitera.

On traitera dans ces conférences, des conſtructions & machines de l'Artillerie, dont on diſcutera les principes; des manœuvres, des fonderies, des proportions des différentes bouches-à-feu, & de la façon de les charger & pointer, pour en tirer les effets qu'on ſe propoſe; de la fabrique des poudres, des procédés en uſage dans les différentes manufactures d'armes, des fers coulés, & enfin on fera des applications des Mécaniques, de la Phyſique & de la Chimie, à tout ce qui a rapport au matériel de l'Artillerie.

25.

On s'y inſtruira de l'approviſionnement des Places pour leur défenſe, de celui des Équipages de campagne & de Siége, des fonctions des Directeurs, Sous-directeurs & Officiers de l'Artillerie en réſidence, relativement aux travaux qu'ils peuvent être chargés de faire exécuter, à la comptabilité des dépenſes qu'ils occaſionnent, & au bon ordre qu'ils doivent faire obſerver par les Gardes d'Artillerie.

26.

On y parlera des mines, pour qu'un Capitaine ait quelques connoiſſances ſur cette matière, & qu'il puiſſe, en cas de néceſſité, ſuppléer au défaut des Mineurs; on y traitera des fortifications, relativement à l'attaque & à la défenſe des Places, & de la diſpoſition la plus avantageuſe des batteries dans les deux cas; on y parlera auſſi de la Tactique & de la façon de tirer le meilleur parti de ſon canon en campagne; enfin on ne négligera, dans ces conférences, aucun des objets qui pourront procurer aux Officiers du Corps-royal, les connoiſſances néceſſaires pour remplir avec honneur les fonctions dont ils devront être chargés, & qui tendront à perfectionner le ſervice de Sa Majeſté dans cette partie.

27.

Le Profeſſeur de Mathématiques, ſera toujours préſent

TITRE VII.

Ceux qui devront se trouver à ces assemblées.

à ces assemblées, & le Commandant de l'École pourra y admettre ceux des Lieutenans qu'il en jugera capables, & qu'il aura reconnu avoir acquis les connoissances préliminaires qui y seront nécessaires.

Les Capitaines en second, employés dans les Places ou à l'École, auront aussi droit de s'y trouver, lorsque leurs fonctions particulières ne les en empêcheront pas.

28.

Ordre à observer dans le choix des matières qu'on traitera à ces assemblées.

LES Chefs de brigades proposeront au Commandant les matières qu'ils se croiront en état de traiter dans l'assemblée des Capitaines ; ils lui communiqueront les détails de leurs projets sur ces matières, & quand il les aura approuvés, les Chefs de brigades conviendront ensemble & avec l'agrément du Commandant, de l'ordre qu'ils observeront entr'eux pour traiter ces différens objets.

Le Chef de brigade qui aura été désigné pour traiter une matière, en dirigera la discussion, & les autres Chefs de brigades s'y trouveront.

Par qui ces assemblées seront présidées.

Le Commandant de l'École, ainsi que le Colonel & le Lieutenant-colonel s'y trouveront aussi quand leurs occupations pourront le leur permettre, non-seulement pour exciter l'émulation des Officiers par leur présence, mais aussi pour les aider de leurs lumières, & leur faire part de leurs connoissances.

Il sera rendu compte à l'Inspecteur général, lors de son inspection, des différens sujets qui auront été traités, & les Chefs de brigades lui remettront les mémoires relatifs qu'ils croiront être intéressans & utiles au service. Cet Inspecteur enverra lesdits mémoires au premier Inspecteur, qui les fera passer, lorsqu'il le jugera à propos, au Secrétaire d'État ayant le département de la guerre, & lui en fera connoître les auteurs.

29.

Salle de Dessin.

LES Lieutenans en premier & en second, seront instruits au dessin, & divisés en deux classes par le Commandant, qui fera cette diviſion ſuivant la capacité, & ſans égard à l'ancienneté deſdits Officiers.

30.

Sera diviſée en deux claſſes.

LA première claſſe ſera compoſée des Officiers les moins inſtruits, leſquels ſe rendront à la ſalle de Deſſin deux fois par ſemaine, les après-midi des deux premiers jours deſtinés à l'école de Théorie, & ils y ſeront occupés pendant deux heures, à deſſiner les plans & les profils de la fortification & des attirails les plus ſimples de l'Artillerie; on leur donnera auſſi les principes du lavis.

31.

LA ſeconde claſſe ſe tiendra dans la même ſalle, l'après-midi du troiſième jour deſtiné à l'école de Théorie, & y ſera occupée auſſi pendant deux heures au deſſin & au lavis des plans, profils, cartes, & ſur-tout des attirails, machines & outils de l'Artillerie.

Le Maître de deſſin diſtribuera les modèles aux uns & aux autres, & leur donnera des leçons relatives à leur force: Il ſera chargé de la garde & de la diſtribution des règles, papiers, couleurs & autres choſes néceſſaires au deſſin; à l'exception des petits compas, crayons, plumes & pinceaux dont chaque Officier ſe pourvoira: Il ſera reſponſable au Directeur du parc, de ce qui ſera à ſa charge; & il obſervera, pour les inventaires & les états de remiſes & conſommations de ces effets, tout ce qui doit être obſervé pour ceux de l'Artillerie par les Gardes du parc.

32.

LE Commandant de l'École ſera le maître d'exempter des Salles de deſſin les Officiers qu'il trouvera aſſez inſtruits, & qu'il jugera pouvoir employer plus utilement leur temps chez eux.

33.

Par qui les ſalles de Deſſin & de Phyſique ſeront préſidées.

LE Capitaine qui aura préſidé à l'école de Théorie du matin, préſidera de même l'après-midi à l'école de Deſſin.

Il veillera à ce que tout s'y passe avec la décence & l'application convenables : Il informera le Commandant de jour, de l'assiduité & des progrès de chaque Officier; & ce Commandant en rendra compte ensuite, ainsi que de ses observations particulières, au Commandant de l'École.

34.

Examen des Lieutenans.

L'INSPECTEUR général fera tous les ans un examen des Lieutenans du régiment, sur les parties qui leur auront été enseignées aux Salles; & il en enverra le résultat, avec son avis, au premier Inspecteur: Le Commandant de l'École les examinera de son côté tous les six mois.

35.

Instructions des Sergens.

L'APRÈS-MIDI de chaque jour d'école de Pratique, le Répétiteur de Mathématiques qui, le matin, aura occupé la chaire de Professeur, l'occupera une seconde fois pendant deux heures, pour enseigner, pendant la première, les quatre premières règles de l'Arithmétique à tous les Sergens du régiment, & même aux Soldats qui auront l'ambition de parvenir à leur grade; & donner pendant la seconde, à ceux desdits Sergens & Soldats qui voudront pousser plus loin leur instruction, les leçons de Théorie-pratique qui peuvent les conduire à mieux remplir leurs fonctions dans tout ce qui les concerne à la guerre ou dans les manœuvres qu'ils ont à commander ou à exécuter. Les Lieutenans en premier du régiment, seront commandés, chacun à son tour, pour présider à leur instruction: Celui qui sera de jour, rendra compte au Colonel, pour le mettre en état de connoître la capacité des Sergens & celle des Soldats que le concours peut élever à leur grade.

Il s'y trouvera aussi chaque jour un des Lieutenans en troisième, pour savoir si les Sergens qui ont dû y aller, s'y sont effectivement trouvés; & il en rendra compte au Colonel, quand quelqu'un y aura manqué.

36.

TOUS les Officiers des régimens du Corps-royal, auront soin

ſoin de prendre dans les Arſenaux de conſtruction, le plus de connoiſſances qu'ils pourront de tous les travaux qui s'y exécutent: Ils s'attacheront à connoître les principales dimenſions des pièces & de tous les attirails, le calibre ordonné pour chaque eſpèce de fer coulé, le poids des principales munitions d'Artillerie, & enfin le prix commun des bois, fers & autres matériaux dans les différentes provinces où les régimens ſe trouveront en garniſon.

Connoiſſances que les Officiers doivent ſe procurer.

37.

Les connoiſſances des fers, des métaux, des poudres & des bois étant néceſſaires aux Officiers du Corps-royal, & ces connoiſſances ne pouvant s'acquérir qu'à l'aide de celles de la Phyſique & de la Chimie; l'intention de Sa Majeſté eſt que les Profeſſeurs de Mathématiques donnent, dans les ſalles, des inſtructions fréquentes & détaillées ſur les parties de ces deux ſciences qui peuvent être relatives à ces différens objets. Les Commandans des Écoles rendront compte à l'Inſpecteur général des Officiers qui négligeroient de profiter de ces inſtructions.

38.

Opérations pratiques.

Le Commandant choiſira de temps en temps quelques beaux jours pris ſur ceux deſtinés à la Théorie, pour faire faire ſur le terrein, par le Profeſſeur de Mathématiques ou le Répétiteur, des applications de la Théorie à la Pratique, ainſi que pour apprendre à lever des plans, profils & Cartes, & faire des opérations analogues à la force de chaque Officier: ce Commandant décidera ſi les deux claſſes devront y aller enſemble ou ſéparément.

Les Chefs de brigades choiſiront auſſi quelques-uns de ces beaux jours pour mener les Officiers de leurs brigades ſur le terrein, & leur apprendre à ſe former le coup-d'œil, à reconnoître les Places, & à diſpoſer les batteries pour leur attaque, le plus avantageuſement qu'il eſt poſſible.

39.

Inſtructions ſur les ponts.

On donnera auſſi aux Officiers les connoiſſances les plus néceſſaires pour l'établiſſement des ponts, ſoit en y employant de grands bateaux, des bateaux portatifs ou des pontons, même à faire des ponts avec des chevalets, lorsque l'occasion le requiert; cette instruction plus particulière aux Officiers d'Ouvriers, ne devant pas être étrangère à tout Officier du Corps-royal de l'Artillerie, qui doit être propre, autant qu'il est possible, à toutes les espèces de service confiées à ce Corps.

40.

L'INTENTION de Sa Majesté est que l'on suive scrupuleusement, dans toutes les Écoles, l'exercice qui sera réglé pour le canon de siége, de place & de bataille, ainsi que pour toutes les autres bouches-à-feu, généralement quelconques.

TITRE VIII.

Du Service particulier des Mineurs, à l'École destinée pour ce Corps.

ARTICLE PREMIER.

Commandement de l'École.

LE Commandant particulier du corps des Mineurs, établi par l'article 39 du Titre I.er de la présente Ordonnance, sera chargé des fonctions du Commandant de l'École destinée pour ce Corps; &, en son absence, l'Officier le plus élevé en grade, commandera ladite École. Les Officiers de Mineurs n'en seront cependant pas moins tenus envers le Commandant particulier de la compagnie à laquelle ils seront attachés, à la même subordination à laquelle ils seroient obligés, si ladite compagnie étoit détachée.

2.

SA MAJESTÉ entretiendra, dans l'École établie pour le corps des Mineurs, un Professeur de Mathématiques & un Répétiteur qui sera en même temps Maître de Dessin.

3.

Obligations des Officiers, sur l'étude des Mathématiques.

LES Capitaines en second, ainsi que les Lieutenans en premier & en second, suivront exactement les salles de Mathématiques; & tous ceux qui y assisteront, se conformeront sur tout ce qui a rapport à l'étude des Sciences Physico-mathématiques & du Dessin, aux Règlemens du Corps-royal, & à ceux qui seront faits en particulier pour le corps des Mineurs, sur les objets qui sont du ressort du Professeur de Mathématiques & du Maître de Dessin.

4.

Obligations des Capitaines, sur l'étude de la Théorie-pratique des mines.

A l'égard de la Théorie des mines & de tous les objets qui y seront relatifs, dont les instructions seront confiées au Chef de brigade ou à celui qui en fera les fonctions, il sera fait à ce sujet des règlemens particuliers auxquels tous les Capitaines seront tenus de se conformer, ainsi que les autres Officiers qui, étant assez instruits dans les connoissances préliminaires, auront été dispensés par l'Inspecteur commandant en chef, de suivre les exercices du Professeur de Mathématiques.

5.

Exercice de pratique pour les mines.

L'ÉCOLE-PRATIQUE pour les Mineurs, aura lieu pendant le Printemps, l'Été & l'Automne, suivant les projets qui auront été arrêtés par le Commandant en chef, pour l'instruction des Officiers & Soldats-mineurs; lesquels feront ce service entr'eux, suivant les règlemens qui seront arrêtés à ce sujet, de manière qu'ils puissent être suivis à la guerre comme à l'École.

6.

Conduite des travaux extérieurs.

LE Chef de brigade, ou celui qui en fera les fonctions, sera spécialement chargé, sous l'autorité du Commandant du Corps des Mineurs, de diriger les ouvrages extérieurs, comme bastions, demi-lunes, lunettes, batteries, sapes & autres travaux qui doivent accompagner les opérations des mines.

7.

Officiers de Mineurs, feront inftruits pour concourir, avec les Ingénieurs, à la prompte exécution des retranchemens.

CET Officier aura foin, dans la conduite des différens travaux, de faire inftruire les Mineurs par leurs Officiers & bas Officiers; de manière qu'ils entendent les profils des ouvrages & retranchemens, qu'ils fachent gazonner, fafciner, conduire les talus, employer les pailles & brouffailles pour foutenir les terres; placer & diftribuer diligemment les Travailleurs dans le tracé des ateliers, afin que, dans les circonftances de la guerre où les moyens ordinaires des Ingénieurs ne pourroient pas fuffire pour exécuter en peu de temps de grands retranchemens, ils puiffent trouver des fecours dans les compagnies de Mineurs.

8.

Choix du Directeur & du Garde du parc.

LE Directeur du parc de l'École des Mineurs, fera choifi parmi les Capitaines en premier, & nommé par le Secrétaire d'État de la guerre, d'après la propofition que lui en fera le Commandant en chef, qui pourra lui adjoindre pour l'aider, un Capitaine en fecond, ou un Lieutenant, s'il le juge à propos: Ledit Commandant en chef, choifira de même, parmi les Sergens-majors ou Sergens de Mineurs, un fujet auquel il confiera les fonctions de Garde du parc. Le Directeur & ce Garde obferveront ce qui leur fera prefcrit par le règlement particulier.

9.

Exercice d'Infanterie.

LES Mineurs feront exercés par l'Aide-major du Corps & par les Lieutenans en troifième des compagnies, au maniement des armes & aux évolutions qui leur conviennent, pendant l'hiver, & dans les autres faifons, les jours où ils ne feront point occupés de leurs travaux.

10.

LORSQUE quelque compagnie de Mineurs fera détachée dans les anciennes Écoles du Corps-royal, elle y fera immédiatement aux ordres du Commandant de l'École; & l'Officier qui commandera cette compagnie, propofera à ce Commandant les projets des mines à exécuter. Les

Officiers

Officiers des Mineurs donneront à ceux des régimens qui seront nommés par le Commandant de l'École, des instructions sur la conduite & le service des mines, pour qu'au défaut de Mineurs, ils puissent dans l'occasion en faire usage à la guerre.

TITRE IX.

Du service du Corps-royal en campagne.

ARTICLE PREMIER.

LORSQUE Sa Majesté voudra mettre un Équipage d'Artillerie en campagne, Elle nommera l'Officier qu'Elle destinera pour le commander en chef, avec un ou plusieurs Commandans en second, un Major & des Aides-major de l'équipage, un Directeur & un Sous-directeur du parc, ainsi que les Officiers des différens grades qu'Elle jugera à propos de tirer des Places pour servir à la suite dudit équipage, & aider à la manutention & aux détails. *Composition de l'État-major des Équipages.*

Sa Majesté nommera pareillement le Commissaire des guerres & du Corps-royal, ainsi que les Gardes, Aumônier, Chirurgien, Conducteurs de charroi, Artificiers & Ouvriers d'État qui seront jugés nécessaires à la suite dudit équipage; auquel tous les Officiers & Employés énoncés ci-dessus, resteront attachés pendant toute la campagne, jusqu'à ce qu'ils soient licenciés.

2.

LE Trésorier général du Corps-royal de l'Artillerie, tiendra, à la suite dudit équipage, un Commis qui sera chargé de la caisse destinée au payement de tout ce qui a rapport au Corps-royal & au service de l'Artillerie. *Établissement d'un Commis du Trésorier général.*

3.

L'ARTILLERIE sera divisée en deux parties, dont l'une sera distribuée aux bataillons d'Infanterie dont l'armée sera *Division de l'Artillerie à l'armée.*

composée; l'autre le sera, en conséquence des ordres du Général de l'armée, en deux ou trois réserves qui seront placées à la droite, à la gauche & au centre de la ligne d'infanterie: l'Artillerie de chaque réserve sera nécessairement partagée en divisions de huit pièces de même calibre, afin de pouvoir attacher une compagnie à chacune de ces divisions, & donner deux pièces à chaque escouade: les obusiers seront placés à la réserve du centre, ou à celle de l'une des ailes, s'il n'y a point de réserve au centre.

4.

Les canons de l'Infanterie servis par le Corps-royal.

IL sera affecté deux pièces de canon à chacun des bataillons d'Infanterie qui entreront en campagne, à l'exception de ceux de la Maison du Roi qui en sont pourvus; ces pièces seront servies par des Sergens & Soldats du Corps-royal; il sera nommé au commencement de la campagne, le nombre nécessaire de compagnies du Corps-royal pour le service desdites pièces de canon. Les Capitaines de ces compagnies seront aux ordres des Commandans des brigades d'Infanterie, auxquelles elles seront attachées; lesquels Commandans auront pareillement la disposition des canons affectés à leurs brigades: Veut cependant Sa Majesté, que les Chefs de brigades & autres Officiers supérieurs du Corps-royal, aient toujours l'inspection sur le service & la manutention desdites bouches-à-feu, ainsi que sur les compagnies qui auront été nommées pour les servir.

5.

Canonniers destinés au canon d'Infanterie, & à celui de réserve.

LES compagnies de Sapeurs seront toujours destinées de préférence au service du canon de l'Infanterie; celles de Canonniers serviront le canon de réserve & celui de l'Infanterie: observant de donner dans chaque brigade, le canon de réserve & les plus gros calibres aux plus anciennes compagnies.

Les compagnies de Bombardiers serviront les obusiers, & au défaut de Canonniers, elles serviront aussi le canon de bataille; mais on leur donnera toujours du canon de réſerve, & jamais celui de l'Infanterie. Lorſque les bouches-à-feu, tant de l'Infanterie que de la réſerve, auront été diſtribuées aux différentes compagnies, elles les conſerveront juſqu'à la fin de la campagne, à moins qu'il ne ſurvienne un ſiége ou quelques autres cas particuliers qui obligent indiſpenſablement de les leur changer.

6.

Ordre de bataille des régimens du Corps-royal.

LORSQU'APRÈS l'aſſemblée de l'armée il ſera queſtion de faire la diſtribution générale de l'Artillerie ſur la ligne, s'il ſe trouve deux régimens du Corps-royal à ladite armée, le premier ſera chargé de l'Artillerie de la droite, en commençant par cette droite, & s'étendant vers le centre; le ſecond régiment ſera chargé de l'Artillerie de la gauche, en commençant par la gauche, & s'étendant auſſi vers le centre.

7.

S'IL n'y a qu'un régiment d'Artillerie à l'armée, les deux bataillons de ce régiment en uſeront entr'eux, comme il eſt ordonné par l'article précédent pour deux régimens.

8.

S'IL ſe trouve à l'armée un régiment du Corps-royal avec une partie d'un autre, le régiment entier ſervira l'Artillerie de la droite, en s'étendant ſur la gauche autant que ſa force le lui permettra; & la partie de l'autre régiment ſervira l'Artillerie de la gauche.

9.

LORSQUE l'on deſtinera une ou pluſieurs compagnies de Bombardiers à ſervir du canon de réſerve, les compagnies prendront leur canon dans la réſerve à laquelle ſeront affectés les obuſiers, afin que le Chef de brigade de Bombardiers puiſſe, autant que faire ſe pourra, veiller ſur toutes ſes compagnies.

10.

LES bataillons d'un même régiment ſe formeront entre eux, ſuivant l'uſage, par droite & par gauche, c'eſt-à-dire que lorſqu'un régiment ſera à la droite de l'armée, la première brigade du premier bataillon aura la droite, & la premiere du ſecond aura la gauche du régiment. Cet ordre ſera renverſé ſi le régiment eſt à la gauche de l'armée.

11.

LES Chefs de brigades fourniront ordinairement deux de leurs compagnies pour le ſervice du canon de l'Infanterie, & garderont avec eux les deux autres pour ſervir deux diviſions de pièces de canon de réſerve. S'il ſe trouvoit cependant qu'il y eût moins de bouches-à-feu à la réſerve que l'Infanterie n'en auroit, il faudroit, dans ce cas, qu'un ou pluſieurs Chefs de brigades fourniſſent trois de leurs compagnies à l'Infanterie, ne gardant avec eux à la réſerve, que la compagnie qui leur reſteroit.

12.

Première & ſeconde lignes à fournir par les brigades.

LORSQUE la place que les brigades d'Artillerie devront occuper en bataille ſera marquée, chacune deſdites brigades fournira au ſervice, du canon d'Infanterie qui ſe trouvera le plus à ſa portée; obſervant que les plus anciennes compagnies fourniſſent la première ligne, & les moins anciennes la ſeconde.

13.

LA première diſtribution des troupes du Corps-royal étant une fois faite, conformément aux articles précédens, Sa Majeſté laiſſe à la prudence du Commandant en chef de l'Artillerie, d'y faire les changemens que ceux qui arriveront dans la ligne néceſſiteront dans l'Artillerie; obſervant toujours de raſſembler, autant que faire ſe pourra, les compagnies d'une même brigade, & les brigades d'un même bataillon.

14.

Troupes d'Infanterie affectées au ſervice de l'Artillerie en campagne.

L'INTENTION de Sa Majeſté étant d'affecter au ſervice de l'Artillerie, en entrant en campagne, des bataillons de Milice ou autres de ſes Troupes; Elle entend que leſdits bataillons ou compagnies ſoient répartis par le Commandant de de l'Artillerie, & affectées aux différentes réserves, ainsi qu'au grand parc & aux pontons, pour fournir aux gardes ordinaires & aux manœuvres de l'Artillerie; & Elle veut que lesdites Troupes exécutent ou fassent exécuter, sans difficulté, tout ce qui leur sera prescrit pour le service, par les Officiers du Corps-royal avec lesquels elles seront détachées.

15.

LES Troupes qui seront affectées au service de l'Artillerie, seront en nombre à peu-près égal à celui des Soldats du Corps-royal qui serviront les réserves d'Artillerie : ce nombre sera augmenté, selon le besoin, pour fournir aux gardes des Officiers supérieurs de l'Artillerie auxquels il en sera dû.

16.

Distribution de l'Infanterie attachée au service de l'Artillerie.

LE Commandant de chaque réserve, distribuera les détachemens d'Infanterie qui auront été affectés pour toute la campagne, au service de l'Artillerie de sa réserve.

17.

CETTE distribution sera faite à raison de cinquante-six hommes manœuvrans, pour chaque compagnie servant du canon de 12, & de trente-deux hommes pour chaque compagnie servant du canon de 8.

18.

LES Capitaines les répartiront à chacune de leurs pièces; mais ces Soldats, quoiqu'affectés auxdites bouches-à-feu, ne les suivront que quand il leur sera ordonné, & ils seront ordinairement destinés à faire les avant-gardes & arrières-gardes des réserves, & à leur préparer les chemins.

19.

LE grand parc composé des munitions, effets & attirails qu'on ne jugera pas à propos de mener à la suite des bouches-à-feu, fera placé avec les pontons, autant que faire se pourra, derriere le centre des deux lignes.

20.

Où camperont les Mineurs & les Ouvriers.

LES compagnies de Mineurs & d'Ouvriers camperont au grand parc, ainsi que les Bombardiers qui n'auront pas de bouches-à-feu à servir, & les Troupes d'Infanterie affectées à la garde & au service dudit grand parc.

21.

Supplément de solde aux Ouvriers.

LES Ouvriers, soit qu'ils soient en compagnie ou en détachement, ne recevront aucun supplément de solde pour les réparations qu'ils feront aux voitures dans les marches, non plus que pour l'entretien des ponts lorsqu'ils seront établis, à moins qu'ils ne soient obligés de passer des nuits à ces travaux; auquel cas ils recevront, pour chaque nuit, un supplément de solde, double de celui qui est accordé aux Ouvriers dans les Arsenaux de construction, par le règlement fait pour leur service.

Quant aux travaux qui se feront au grand & aux petits parcs, on suivra la même règle que dans les Arsenaux; c'est-à-dire que les Ouvriers qui exécuteront lesdits travaux, recevront le supplément de solde réglé par le susdit article, quand on fera travailler plus du tiers de la compagnie ou détachement, mais ils n'auront que leur solde quand on n'en emploîra que le tiers.

S'il arrive cependant que l'on détache de l'armée, autrement que pour une marche, un ou deux Ouvriers seulement, ils recevront le supplément de solde, soit qu'ils travaillent ou non, pour les dédommager de la dépense que pourra leur occasionner le défaut d'ordinaire.

22.

Formation des petits parcs.

ON détachera du grand parc, le nombre d'Officiers, d'Ouvriers & de forges nécessaires pour former un petit parc qui sera affecté à chacune des réserves d'Artillerie, & on observera d'y envoyer assez d'Ouvriers pour pouvoir attacher un Ouvrier en fer & un en bois, à la suite de chacune des compagnies qui serviront du gros canon, toutes les fois que lesdites compagnies marcheront ou seront détachées.

23.

Deux pièces affectées à chaque escouade.

Il sera affecté pour toute la campagne, deux pièces de canon ou obusiers à chaque escouade des compagnies du Corps-royal, commandée par un Officier ou Sergent-major & un Sergent: le Caporal en servira une avec sept hommes, l'autre sera servie par l'Appointé avec pareil nombre d'hommes.

24.

Fonctions des bas Officiers en campagne.

Les Caporaux & Appointés, chefs de pièces, auront les clés des caissons & coffrets dépendans desdites pièces, & seront chargés de veiller à la conservation & à l'entretien des armes & munitions, qu'ils visiteront tous les jours avec beaucoup de soin: ils avertiront le Sergent des réparations ou remplacemens qu'il pourroit y avoir à faire, ce dernier en rendra compte au Commandant de l'escouade, qui s'adressera à son Capitaine, pour qu'il y soit pourvu promptement du petit parc le plus voisin.

Devoirs des Commandans des escouades.

Les fonctions du Caporal & de l'Appointé, comme chefs de pièces, exigeant de leur part une attention continuelle sur les objets dont ils sont chargés, auxquels il ne pourront veiller exactement qu'en sortant de leur camp le moins qu'il sera possible, Sa Majesté les dispense des gardes & des corvées, & Elle veut qu'ils ne soient commandés que pour les ordonnances.

25.

Défense de rien admettre dans les caissons avec les munitions.

Sa Majesté défend très-expressément à ces chefs de pièces, d'admettre, sous tel prétexte que ce soit, dans les caissons & dans les coffrets de leurs pièces, quand même ils seroient vides, d'autres effets que ceux qui sont nécessaires auxdites pièces: ils en répondront personnellement au Sergent qui aura soin d'en faire lui-même la visite, ſur-tout au moment de marcher; le Sergent en répondra au Commandant de l'eſcouade; & le Capitaine en cas de contravention, fera mettre ſur le champ, le Sergent à la garde du camp, & le Caporal ou l'Appointé au piquet, pour être enſuite caſſés & mis à la queue de la compagnie.

26.

Les Officiers en répondent.

LES trois Lieutenans & le Sergent-major d'une compagnie, répondront à leur Capitaine, chacun pour ſon eſcouade, de l'exécution des deux articles précédens; & le Capitaine qui en fera ſouvent l'inſpection, en répondra perſonnellement au Chef de brigade.

27.

[D]evoir du Sergent en bataille.

LE Sergent ſera chargé dans les batailles & autres actions de guerre, de contenir & faire manœuvrer les attelages de l'eſcouade, & de veiller au bon ordre dans les diſtributions des munitions.

28.

Devoir des Officiers ſubalternes.

CHAQUE Commandant d'eſcouade, fera manœuvrer les pièces de ſon eſcouade; il en examinera les effets pour donner à ſes Canonniers, les points de hauteur convenables.

Les Capitaines dont les compagnies ſerviront des pièces affectées à l'Infanterie, auront attention que le canon de leurs eſcouades ſuive ſcrupuleuſement les mouvemens des bataillons auxquels elles feront attachées, & que les Sergens contiennent les attelages à portée, & n'embarraſſent pas la manœuvre des Troupes: ceux des Capitaines dont les compagnies ſerviront du canon de réſerve, s'appliqueront à éviter la confuſion dans les manœuvres, & à faire exécuter avec célérité, celles qui leur feront ordonnées par les Chefs.

Si l'armée eſt ſur la défenſive, ils donneront une attention particulière à ne pas manquer le moment où l'Ennemi approchera des points de repaire qu'ils ſe feront donnés, pour

pour décider de l'inſtant où ils devront ſe ſervir de la cartouche.

Les Chefs de brigades veilleront à ce que tout ce qui eſt ordonné par les articles précédens, s'exécute ſans confuſion dans leurs brigades, & ils ſe porteront d'abord à l'endroit où ils verront commencer le déſordre.

29.

Les Officiers ſubalternes, les Capitaines & les Chefs de brigades ſe conformeront exactement aux inſtructions qui leur ſeront données pour faire exécuter le ſervice chacun dans ſa partie.

30.

Service en bataille des Colonels & Lieutenans-colonels.

Les Colonels & Lieutenans-colonels qui ſeront diſtribués avec leur régiment dans les réſerves d'Artillerie, feront exécuter ce qui leur ſera preſcrit par les Commandans deſdites réſerves, & obſerveront les manœuvres de l'ennemi, pour être en état de profiter des circonſtances qui ſe préſenteront.

31.

Service des Commandans de réſerve.

Chaque Commandant de réſerve veillera lui-même, dans l'action, à l'exécution des ordres dont il aura été chargé; & lorſqu'il n'y jugera plus ſa préſence néceſſaire, il ſe tiendra à portée des Commandans de l'aile de l'armée devant laquelle il ſera poſté, pour être informé d'avance des mouvemens qui ſeront ordonnés dans la ligne, & avoir le temps de choiſir ſes poſitions & de ſe préparer pour ſon département; obſervant, ſur toutes choſes, de ne point changer les premières diſpoſitions ordonnées, ſans de nouveaux ordres du Commandant en chef de l'Artillerie, ou ſans une néceſſité abſolue. Il aura principalement attention de faire approcher à temps les augmentations de munitions qui pourroient être néceſſaires à ſon Artillerie ou à l'Infanterie de ſon aile.

32.

Le Commandant en chef de l'Artillerie, après avoir

fait la dispofition générale de l'Artillerie, & donné les inftructions néceffaires d'après les ordres qu'il aura reçus du Général de l'armée, verra par lui-même fi tout s'exécute bien. Il fe tiendra à portée du Général, pour recevoir fes nouveaux ordres, & en donner en conféquence, jufqu'à ce que les circonftances & les befoins du fervice l'appellent ailleurs.

Attention du Commandant en chef de l'Artillerie, dans l'action.

33.

Service & prérogatives du Major de l'équipage de l'Armée.

LE Major de l'équipage prendra le mot & l'ordre du Maréchal-de-camp de jour chez le Général de l'armée, & le portera au Commandant en chef de l'Artillerie dont il recevra les ordres, pour les diftribuer comme il fera expliqué ci-après.

Il lui fera fourni tous les jours un Sergent & un Caporal d'ordonnance de chacune des réferves & du grand parc, & il lui fera remis, à l'entrée de la campagne, un état des bouches-à-feu, ainfi que des principales munitions & attirails qui compoferont l'équipage d'Artillerie.

Il fe tiendra, les jours de bataille, ainfi que le premier Aide-major de l'équipage, près du Commandant de l'Artillerie, pour diftribuer fes ordres; & ils feront toujours logés l'un & l'autre à portée de ce Commandant.

34.

LES Majors des régimens du Corps-royal employés à l'armée, feront Majors de brigades, & jouiront des traitemens & prérogatives accordés à ceux de l'Infanterie: le plus ancien d'entr'eux fera les fonctions de premier Aide-major de l'équipage, & les autres Majors, s'il y en a, feront celle d'Aides-major dudit équipage, chacun à l'une des réferves. Il fera nommé d'autres Officiers pour faire les mêmes fonctions aux autres réferves & au grand parc.

Si le plus ancien Major des régimens avoit été nommé Major de l'équipage, le fecond feroit les fonctions du premier Aide-major.

Le premier Aide-major de l'équipage ira tous les jours

chez le Major général de l'Infanterie, pour y prendre les détails qu'il apportera au Major de l'équipage, chez lequel se trouveront tous les Aides-major dudit équipage, tant des réserves que du grand parc.

Ledit Major, d'après les ordres qu'il aura pris du Commandant en chef de l'Artillerie, distribuera à ces Aides-major l'ordre qui concernera la réserve à laquelle chacun d'eux sera attaché.

35.

Service des Aides-major.

Le premier Aide-major de l'équipage, sera chargé de faire distribuer par les autres Aides-major dudit équipage, toutes les subsistances & fournitures, autres que les appointemens, aux Commandans & Officiers tirés des directions, ainsi qu'à tous les Employés à la suite de l'équipage, qui seront compris sur les états de revues du Commissaire des guerres & du Corps-royal.

Il tiendra des registres des différentes distributions pour pouvoir en former un état général à la fin de la campagne, & arrêter les décomptes avec les Munitionnaires & Fournisseurs.

36.

Les Aides-major de l'équipage, attachés aux réserves ou au grand parc, y camperont toujours, quand même les Commandans des réserves seroient logés. Chacun de ces Aides-major portera tous les jours l'ordre & le mot au Commandant de la réserve à laquelle il sera attaché, lorsque ledit Commandant sera au camp; & il recevra ses ordres sur ce qu'il aura à y ajouter, après quoi il le donnera au plus ancien Officier-major de la Troupe, qui ira le distribuer au cercle.

Chaque Aide-major de l'équipage sera chargé de faire délivrer sur ses reçus, aux Officiers & Employés attachés à sa réserve, les subsistances dont il est fait mention dans l'article précédent; il en conservera une note, pour en rendre compte au premier Aide-major. Lorsqu'il y aura des diſtributions à faire, il enverra ſon reçu par un conducteur de charroi à la ſuite de l'Officier-major de la Troupe; & ce conducteur en fera la répartition.

Les Aides-major de l'équipage iront au campement, pour recevoir du Major le terrein deſtiné à leurs réſerves; &, lors d'une action, ils ſe tiendront chacun avec le Commandant de la réſerve à laquelle ils feront attachés.

37.

Service de l'Aide-major des régimens.

L'AIDE-MAJOR de chaque régiment du Corps-royal, campera à la réſerve à laquelle ſera attaché le Colonel du régiment.

38.

Officiers d'Artillerie pour porter les ordres du Général de l'armée.

IL ſera fourni au Général de l'armée un Officier d'ordonnance, pour porter les ordres qu'il aura à donner au Corps-royal: cet Officier ſera relevé toutes les vingt-quatre heures, & ſera commandé parmi les Lieutenans des compagnies employées au grand parc & aux réſerves. Les Lieutenans en troiſième ne feront point ce ſervice.

39.

Service du Directeur du parc.

LE Directeur du parc ſera chargé, ſous l'autorité des Officiers ſupérieurs nommés pour commander l'équipage d'Artillerie, d'aſſembler ledit équipage, & de le pourvoir de tout ce qui ſera néceſſaire.

Ce Directeur commandera, ſous la même autorité, au grand parc, & ne rendra cependant compte qu'au Commandant en chef. Il y fera placer les gardes & ſentinelles qu'il jugera néceſſaires, & y campera.

40.

Il détachera des Officiers de détails aux réſerves.

IL fera faire au grand parc les groſſes réparations de l'équipage, & il détachera à chacune des réſerves un Officier de détail avec un Officier d'Ouvriers, ainſi que les Ouvriers & les forges néceſſaires pour y faire les menues réparations, tant du canon de réſerve que de celui de l'Infanterie: il ſe fera rendre compte par les Officiers de détail,

détail, des consommations faites, pour les remplacer à mesure.

41.

Il aura la police dans le parc.

Il aura toute autorité sur tous les Employés à la suite de l'équipage d'Artillerie, & il veillera à ce que les Conducteurs, & sur-tout à ce que les Gardes & Sous-gardes d'Artillerie remplissent avec exactitude les fonctions de leurs emplois; il rendra compte au Commandant de tout ce qui pourra mériter son attention, & prendra ses ordres sur tous les remplacemens qu'il seroit nécessaire de tirer des Places voisines ou des Dépôts.

42.

Le Directeur du parc donnera au Garde de l'Artillerie, les ordres nécessaires pour l'autoriser à faire les menues emplètes ou dépenses, sur les fonds qui seront remis audit Garde.

43.

Son service, lors d'une bataille.

Dans le cas d'une bataille, le Directeur fera atteler toutes les voitures de son parc, les formera en divisions, y placera des Gardes pour contenir tout le monde à son poste; & sans jamais perdre son parc de vue, il s'avancera vers l'Armée, pour distinguer les endroits où le feu sera le plus vif, il fera mettre en file vers ces endroits, quelques parties de munitions pour le canon & pour l'Infanterie, afin de prévenir, autant qu'il sera en lui, les demandes qui lui seront faites pour le remplacement des munitions consommées: d'un autre côté, il enverra voir si les débouchés qu'il aura reconnus à l'avance, en cas de retraite, ne seroient point engagés par les équipages des Troupes; & si les mouvemens qu'il verra faire à l'Armée, lui faisoient craindre que son parc ne causât des embarras, il le déplacera, & aura grande attention de ne point embarrasser les débouchés des Troupes.

44.

Service du Sous-directeur du parc.

Le Sous-directeur du parc aidera au Directeur dans toutes ses fonctions, & le suppléera au besoin.

TITRE IX.

45.

Fonctions du Garde du parc.

Le Garde d'Artillerie du parc, se chargera, au commencement de la campagne, de toutes les bouches-à-feu, effets, munitions & attirails d'Artillerie composant l'équipage, par un inventaire fait en présence du Directeur du parc, & du Commissaire des guerres & du Corps-royal.

Les pièces & principales munitions dudit Équipage, seront portées sur un registre destiné à cet usage; & tout le reste de l'inventaire sera porté sur un second registre qui sera, ainsi que le premier, coté & paraphé par le Commissaire des guerres & du Corps-royal. Le Garde enregistrera journellement les remises & consommations qui se feront, sur celui des deux registres où seront inscrits les effets & munitions qu'il aura à remettre ou à consommer.

Il fera tous les mois un état de situation des pièces & munitions portées sur le premier registre, lequel état sera certifié par le Directeur du parc, vérifié par le Commissaire des guerres & du Corps-royal, & visé par le Commandant, pour être ensuite envoyé au Secrétaire d'État ayant le département de la guerre. Quant aux munitions comprises dans le second registre, ce ne sera qu'à la fin de la campagne qu'on en fera un état général de remises & de consommations, qui sera pareillement envoyé au Secrétaire d'État ayant le département de la guerre, & revêtu des mêmes formalités.

46.

Ce Garde ne fera aucune livraison, sans un ordre par écrit du Directeur du parc, & sans en tirer un reçu. Pour ne point cependant exposer le service dans les cas pressans, il ne pourra refuser des munitions, sous le prétexte de défaut d'ordre & de formalités; mais dans ces cas il se procurera, sitôt après, de la part du Directeur ou autres Officiers, l'ordre dont il aura besoin pour opérer sa décharge des effets délivrés.

47.

Ce Garde aura un Livre de compte, coté & paraphé par le Commiſſaire des guerres, ſur lequel il enregiſtrera les ſommes que le Tréſorier lui donnera ſur un ordre par écrit du Commandant en chef. Il portera pareillement ſur le même Livre, toutes les dépenſes qu'il fera ſur ces fonds en menues emplètes, du payement deſquelles il prendra des reçus, autant que faire ſe pourra; il ne fera point ces emplètes, ni aucunes dépenſes quelconques, ſans un ordre par écrit du Directeur du parc.

48.

Fonctions du Commis du Tréſorier général.

Le Commis du Tréſorier général de l'Artillerie à la ſuite de l'équipage, payera tous les mois aux Tréſoriers des régimens, ſur les revues du Commiſſaire des guerres & du Corps-royal, les appointemens & ſolde deſdits régimens; & pour ce qui regardera les compagnies détachées, ainſi que celles de Mineurs & d'Ouvriers, il remettra les appointemens & ſolde deſdites compagnies aux Officiers chargés de leurs détails. A l'égard des Commandans, des Officiers détachés & des Employés à la ſuite de l'équipage, ledit Commis du Tréſorier général leur payera à chacun d'eux en particulier leurs appointemens, & il finira les décomptes avec eux.

49.

Ce Tréſorier ſera auſſi chargé du payement de toutes les dépenſes de l'équipage d'Artillerie, ainſi que de celles qui pourront concerner les ponts, mais tous ces payemens ne ſeront valables qu'autant qu'ils ſeront accompagnés des formalités ſuivantes.

50.

Les dépenſes faites en conſéquence d'un marché, ne pourront être payées par le Tréſorier qu'après que le Garde d'Artillerie aura donné ſon reçu au Fourniſſeur, au bas de l'état détaillé des effets qui auront été livrés;

cet état sera certifié par le Directeur du parc, vérifié par le Commissaire des guerres, & visé par le Commandant en chef: cette pièce munie de ces formalités, & au bas de laquelle le Fournisseur aura mis sa quittance, servira de décharge au Trésorier.

51.

A l'égard des dépenses faites pour journées d'Ouvriers, il en sera fourni tous les huit jours audit Trésorier, un état signé du Chef des Ouvriers, certifié par le Directeur du parc, & vérifié par le Commissaire des guerres, au bas duquel le Chef des Ouvriers mettra son reçu.

52.

POUR subvenir aux petites emplètes & aux menues dépenses journalières, le Trésorier remettra au Garde d'Artillerie, sur son reçu & sur un ordre par écrit du Commandant en chef, la somme qui sera fixée par ce Commandant. Le Garde fournira ensuite un état détaillé des dépenses faites sur ce fonds; lequel état sera certifié par le Directeur du parc, vérifié par le Commissaire des guerres, & approuvé par le Commandant. Ledit Garde, après avoir mis son reçu au bas de cet état, le remettra au Trésorier pour sa décharge, & retirera celui qu'il lui aura précédemment donné.

53.

CE Trésorier, à la fin de chaque campagne, rassemblera tous ces différens états & en formera un général, qui sera certifié par le Directeur du parc, vérifié sur les pièces justificatives par le Commissaire des guerres, visé par le Commandant en chef de l'Artillerie, & ordonnancé par l'Intendant de l'armée; les pièces justificatives resteront au Trésorier à l'appui de son compte.

54.

Fonctions du Commissaire des guerres & du Corps-royal.

LE Commissaire des guerres & du Corps-royal, sera informé de tout ce qui devra composer l'équipage d'Artillerie d'Artillerie, & il rendra à l'Intendant de l'armée, tous les comptes que celui-ci exigera concernant le service de l'Artillerie.

55.

IL passera en revue les régimens & compagnies détachées du Corps-royal, ainsi que les Officiers, Employés, Ouvriers, chevaux & mulets qui seront à la suite de l'équipage, lesquels ne pourront être payés de leurs appointemens, traitement & solde, que sur les extraits de revues, visés par le Commandant en chef de l'Artillerie. Le Commissaire remettra ces extraits au Commis du Trésorier général, aux Munitionnaires & autres Fournisseurs de l'armée, de même qu'aux Entrepreneurs des chevaux & mulets, pour servir à leur payement; il en enverra un au Secrétaire d'État ayant le département de la guerre, & un à l'Intendant de l'armée.

56.

IL sera remis audit Commissaire, une copie de l'inventaire des effets & munitions composant l'équipage d'Artillerie, dont le Garde du parc se chargera en sa présence.

57.

CE Commissaire dressera les procès-verbaux de la réception & de la marque des chevaux, qui se feront par les ordres du Commandant en chef, en présence des Commandans en second qui s'y trouveront, du Major & du Directeur du parc; & lorsque dans le courant de la campagne, le Commissaire s'apercevra que la marque commencera à s'effacer, il aura attention de prendre les ordres du Commandant en chef, pour la faire renouveler, afin que les chevaux d'Artillerie puissent dans tous les temps être reconnus facilement; il dressera, sur les certificats des Officiers, les procès-verbaux des chevaux tués à la guerre, ainsi que de ceux qui auront été pris par l'Ennemi, étant en convois & attelés par ordre pour le service, ou au fourrage lorsqu'ils auront été pris dans l'enceinte desdits fourrages.

58.

Le Commiſſaire des guerres & du Corps-royal, aura la police ſur tous les Employés, Ouvriers, Charretiers & autres à la ſuite de l'équipage.

59.

Ce Commiſſaire cotera & paraphera les regiſtres du Garde d'Artillerie; il veillera à ce qu'il enregiſtre exactement les remiſes & conſommations qui ſe feront journellement au parc de l'armée, des effets, munitions & attirails d'Artillerie; & à ce qu'il tienne ſes regiſtres dans le meilleur ordre poſſible: il enverra tous les mois au Secrétaire d'État ayant le département de la guerre, un état qui lui ſera remis par le Garde, des principales munitions, effets & attirails qui auront été remis ou conſommés à l'armée.

60.

Il vérifiera toutes les dépenſes faites pour l'Artillerie par le Garde ou par tous autres; Sa Majeſté voulant qu'aucune de ces dépenſes ne puiſſe être allouée dans les comptes du Tréſorier, à moins qu'elles ne ſoient certifiées par le Directeur du parc, vérifiées par le Commiſſaire des guerres & du Corps-royal, approuvées par le Commandant de l'Artillerie, & ordonnancées par l'Intendant de l'armée.

61.

Ce Commiſſaire ſera chargé de paſſer, en préſence du Directeur du parc, les marchés des différentes fournitures néceſſaires pour le ſervice de l'Artillerie; & lors des livraiſons, le Directeur du parc vérifiera la qualité deſdites fournitures, & le Commiſſaire en vérifiera les quantités.

62.

Pour que le Commiſſaire des guerres & du Corps-royal, ſoit à portée de remplir les fonctions qui lui ſont preſcrites par les articles précédens, il ſera tenu de camper toujours au parc, sans pouvoir s'en dispenser, sous quelque prétexte que ce soit.

63.

Fonctions du Conducteur général du charroi & des autres Conducteurs.

IL sera attaché à chaque équipage un Conducteur général du charroi, qui sera affecté au grand parc avec le nombre de Conducteurs, proportionné à la force dudit parc & des équipages de ponts: ce Conducteur général rendra compte au Commissaire des guerres & du Corps-royal, des chevaux qui seront détachés de l'armée.

Il sera aussi attaché un Conducteur à chacune des compagnies qui serviront du canon de réserve, & un autre au petit parc de chaque réserve, tant pour servir audit parc, qu'à la suite de l'Aide-major de l'équipage.

64.

CHACUN des Conducteurs sera tenu de se pourvoir d'un cheval. Ils seront particulièrement chargés de veiller sur la tenue & la subsistance des attelages, de reconnoître & faire réparer les chemins, & enfin d'exécuter ce qui leur sera ordonné pour le service, par les Officiers du Corps-royal, avec lesquels ils seront détachés.

65.

POUR que chaque troupe ne quitte jamais ses Officiers & bas Officiers, & que chaque escouade puisse toujours soigner & ne jamais perdre de vue les pièces & les munitions qui lui seront confiées, ces pièces marcheront toujours suivies de leurs munitions & même de celles destinées à l'Infanterie lorsqu'il y en aura d'attachées; le tout escorté par son escouade.

Chaque Commandant de réserve, fera marcher toute sa réserve dans l'ordre prescrit ci-dessus; & il aura attention que les Chefs de brigades & autres Officiers marchent chacun à son poste, & répondent chacun de sa troupe.

66.

LE Commandant de chaque réserve fera commander

Travailleurs pour les d[illegible]uchés & les chemins.

des travailleurs pris dans les Troupes attachées au ſervice de l'Artillerie, avec le nombre qu'il jugera à propos de Soldats du Corps, pour les diriger & les aider à ouvrir les chemins, quand il le croira néceſſaire.

67.

On ne ſouffrira ſur les voitures que les ſacs des Soldats & Charretiers.

Il ne ſera ſouffert ſur les pièces & voitures des munitions à leur ſuite, aucune tente & bagages, autres que les ſacs des Charretiers, Canonniers, Sergens & Soldats attachés au ſervice deſdites pièces; leſquels ſacs ne pourront cependant peſer plus de dix livres chacun: chaque Chef répondra à ſon Officier de l'exacte obſervation de cet article, les Officiers ſubalternes en répondront aux Capitaines, & ceux-ci en ſeront reſponſables aux Officiers ſupérieurs: il ſera cependant permis à chaque Conducteur attaché aux diviſions, de placer ſur les chariots d'outils, ou ſur l'affût de rechange, leur tente & un porte-manteau qui ne pourra peſer plus de trente livres.

68.

Ordre de marche des diviſions.

Le Commandant de chaque réſerve, décidera de l'ordre dans lequel devront marcher les diviſions qui ſeront à ſes ordres.

69.

Ordre de marche du grand parc.

Le Directeur du parc réglera l'ordre dans lequel marchera ſon parc, ainſi que les ponts quand ils y ſeront joints, & il diſtribuera les avant-gardes, arrières-gardes & pelotons qui ſeront néceſſaires pour l'eſcorte: Il aura une attention particulière à ce que les ſacs des Soldats ne ſoient que du poids fixé ci-deſſus, que les Conducteurs n'aient pas des équipages trop forts, & que le tout ſoit réparti ſur les voitures, de façon à n'en ſurcharger aucune.

70.

Les Mineurs marcheront à la tête du grand parc.

Lorsque les Mineurs ne ſeront point détachés avec les ponts, ils marcheront toujours en avant du grand parc avec un chariot d'outils, pour réparer les chemins.

71. Dans

71.

Commandement des escortes des convois.

DANS les convois d'Artillerie, escortés par des Troupes qui ne seront pas du Corps, le commandement de l'escorte appartiendra à l'Officier le plus élevé en grade ou le plus ancien à grade égal, soit qu'il soit de l'Artillerie ou de toute autre Troupe; & si l'ancienneté est égale, à celui du plus ancien régiment: mais si ce n'est pas l'Officier du Corps-royal qui commande, ce sera toujours lui qui décidera de l'heure du départ & des haltes qu'il sera nécessaire de faire, qui disposera le parc & fera mettre les sentinelles qu'il croira convenables pour la garde; il lui sera fourni une ordonnance de la Troupe de l'escorte, quelque grade qu'il ait; & s'il est Colonel, on lui fournira de plus une sentinelle s'il n'a point de Troupe de son Corps.

72.

LES Troupes du Corps-royal & celles qui seront affectées au service de l'Artillerie, camperont le plus près qu'il sera possible du parc, des réserves ou des divisions auquelles elles seront attachées.

73.

L'Artillerie, par qui gardée.

LES divisions & réserves seront toujours gardées par les Troupes du Corps-royal, & par celles de l'Infanterie qui leur seront attachées pour le service de l'Artillerie: le premier des Canonniers, Artificiers, Bombardiers ou Sapeurs de chaque escouade, fera les fonctions de Caporal, & le second fera celles d'Appointé; & ils rouleront pour ce service avec ceux des Troupes d'Infanterie avec lesquels ils se trouveront.

74.

Un Homme d'ordonnance au canon d'Infanterie.

LES Canonniers attachés au service du canon d'Infanterie de chaque bataillon, fourniront toujours dans le camp, un homme sans armes, qui restera auprès des pièces, indépendamment de la sentinelle que le bataillon auquel appartiendront lesdites pièces, y fera mettre: les Caporaux

& Appointés du Corps-royal, attachés à ces pièces, seront exempts de ce service.

75.

Garde du grand parc.

LE grand parc sera toujours gardé par les Troupes d'Infanterie qui lui seront attachées: les compagnies de Bombardiers qui s'y trouveront, fourniront seulement une garde qui sera fixée par le Directeur, pour faire des patrouilles autour du parc, d'heure en heure, pendant la nuit, & de deux en deux heures pendant le jour, pour la sûreté dudit parc, & pour reconnoître si les sentinelles sont attentives à exécuter leur consigne.

76.

LA garde du Commandant en chef de l'Artillerie, sera fournie par les compagnies de Mineurs & par celles de Canonniers qui pourront se trouver au grand parc, sans destination particulière: ces compagnies rouleront ensemble pour ce service, dans lequel en cas d'insuffisance, elles seront suppléées par les Troupes attachées à l'Artillerie.

Celle des Commandans des réserves, s'il leur en est dû par leur grade, leur sera fournie par les Troupes d'Infanterie dont on augmentera le nombre à cet effet dans leurs réserves: il en sera de même des sentinelles dûes aux Officiers supérieurs & aux différentes caisses.

77.

Capitaines exempts de garde.

L'INTENTION de Sa Majesté étant que les Capitaines du Corps-royal, chargés des divisions, donnent toute leur attention à la tenue des pièces, munitions & attirails, ainsi que des chevaux de leurs divisions, & que les autres soient uniquement occupés des différentes fonctions dont ils seront chargés, Elle veut bien les exempter de monter la garde; mais ils seront assujettis aux autres services, comme escortes & corvées. Sa Majesté exempte aussi de monter la garde, les Lieutenans des compagnies de Bombardiers qui seront attachés au parc, lesquels aideront aux détails, sous les ordres du Directeur du parc, qui ne

Lieutenans de Bombardiers attachés au grand parc.

pourra cependant les détacher de leur Troupe, que dans les cas de néceſſité.

Les autres Lieutenans du Corps, monteront la garde quand il en ſera beſoin, avec ceux des Troupes attachées au ſervice de l'Artillerie.

Officiers d'Ouvriers ne feront d'autre ſervice qu'aux travaux du parc.

Les Officiers des compagnies d'Ouvriers, ne feront aucun autre ſervice que celui des parcs & des ponts.

78.

Les Mineurs aideront aux travaux des ponts & aux retranchemens.

QUAND les compagnies de Mineurs, ne ſeront point occupées de leur ſervice particulier, elles ſeront deſtinées de préférence, à aider les Ouvriers dans les conſtructions des ponts; & dans le cas où l'armée auroit de grands retranchemens à faire, ſi les moyens ordinaires des Ingénieurs ne ſuffiſoient pas, leſdites compagnies ſeront employées à la conduite deſdits retranchemens, ſous les ordres du Commandant du Corps des Ingénieurs.

79.

Ils ne fourniront que leur garde de police & celle du Commandant en chef de l'Artillerie.

CES compagnies camperont au parc, près des compagnies d'Ouvriers; & elles ne fourniront que leur garde de police & celle du Commandant en chef de l'Artillerie, quand elles en ſeront à portée.

80.

Officiers généraux du Corps, ne prendront jour à l'armée qu'une fois par campagne.

SA MAJESTÉ jugeant qu'il eſt du bien de ſon ſervice, que les Officiers généraux & autres Officiers ſupérieurs du Corps-royal, ſe livrent entièrement au ſervice de l'Artillerie, Elle ordonne que leſdits Officiers généraux, ainſi que les Brigadiers dudit Corps, qui ſeront pourvus de Lettres de ſervice, ne faſſent qu'une fois pendant la campagne, ainſi que les Colonels & les Lieutenans-colonels, le ſervice de jour à l'armée, ſuivant leurs grades & le rang du Corps-royal.

81.

Procédure contre les vols.

SA MAJESTÉ, en confirmant ſon Ordonnance du 18 ſeptembre 1723, concernant la manière dont il doit être procédé contre les Soldats, Cavaliers & Dragons, & tout autre particulier convaincu d'avoir volé des pièces & munitions d'Artillerie, veut que les Conseils de guerre qui se tiendront dans les armées, pour le jugement des crimes de cette espèce, soient assemblés chez le Commandant de la division où le délit aura été commis, & composés des Capitaines & autres Officiers du Corps-royal; & que le Major de l'équipage, ou à son défaut, un de ses Aides, soit chargé de l'instruction du procès.

82.

Dépôt de Troupes & de munitions, pour remplacer les consommations de l'armée.

DÈS que les armées entreront en campagne, il sera formé sur chaque frontière, un dépôt d'Artillerie, pour être à portée de remplacer les munitions & attirails qui seront consommés auxdites armées: Sa Majesté désignera le nombre de Troupes du Corps-royal qu'Elle jugera convenable pour faire les manœuvres de ces dépôts, ainsi que pour fournir les détachemens qu'il sera nécessaire de faire marcher avec les différens convois qui seront envoyés, & sur-tout pour exercer les recrues destinées aux régimens du Corps-royal qui seront en campagne; Sa Majesté voulant qu'il ne soit envoyé aucun Soldat auxdits régimens, qu'il n'ait été préalablement assez exercé pour pouvoir être employé utilement au service de l'Artillerie.

83.

L'OFFICIER du Corps-royal, qui commandera dans le lieu du dépôt, fera les dispositions nécessaires pour exercer les recrues qui lui seront envoyées; il rendra compte au Commandant de l'Artillerie à l'armée, de leur état & des progrès de leur instruction, pour que ce dernier puisse prendre les ordres du Général de l'armée, & tirer successivement ce qui lui sera nécessaire pour les remplacemens à faire dans les régimens du Corps-royal, employés à ladite armée.

TITRE

TITRE X.

Du ſervice du Corps-royal dans les Siéges.

ARTICLE PREMIER.

LORSQU'IL ſera queſtion de faire un Siége, Sa Majeſté donnera des ordres pour y employer la partie qu'Elle jugera néceſſaire, des Troupes affectées au dépôt de l'Artillerie de l'armée.

Troupes du Corps-royal, deſtinées à l'équipage de ſiége.

2.

LES Troupes du Corps-royal, attachées au canon des bataillons d'Infanterie qui ſeront deſtinés à faire le ſiége, s'y rendront auſſi, de même que celles attachées au canon de réſerve que le Général de l'armée jugera à propos de retrancher des réſerves; & ſi ces Troupes ne ſuffiſent pas, Sa Majeſté y pourvoira d'ailleurs.

S'il ne ſe trouvoit pas aſſez de Sapeurs parmi les compagnies attachées au ſervice du canon des bataillons qui ſeront envoyés au ſiége, on tireroit de l'armée les autres compagnies de Sapeurs, en les faiſant remplacer par des compagnies de Canonniers.

3.

LORSQUE Sa Majeſté donnera des ordres pour aſſembler un équipage de ſiége, Elle nommera le nombre d'Officiers du Corps-royal qu'Elle jugera néceſſaire pour ledit équipage, tels qu'un ou pluſieurs Commandans, un Major & des Aides-major, un Directeur & un Sous-directeur du parc, avec pluſieurs Officiers de détails; Elle nommera pareillement un Garde d'Artillerie, des Conducteurs de charroi & autres Employés, dont le nombre ſera déterminé ſuivant la force de l'équipage.

Officiers & Employés nommés pour l'équipage de ſiége.

Sa Majeſté nommera auſſi un Commiſſaire des guerres & du Corps-royal, & il ſera envoyé à ce ſiége un des Commis du Tréſorier général de l'Artillerie.

TITRE X.

4.

Le commandement de l'Artillerie du siége, séparé de celui de l'Artillerie de l'armée.

LORSQUE le Roi aura nommé au commandement de l'Artillerie du siége, ce commandement sera séparé de celui de l'Artillerie de l'armée, & quand même l'armée employée à couvrir le siége, viendroit à se réunir avec celle qui seroit chargée de le faire, les deux commandemens resteroient toujours séparés.

5.

Formation de l'équipage de siége.

LE Commandant de l'Artillerie du siége, fera rassembler les bouches-à-feu, munitions, attirails & approvisionnemens qui auront été ordonnés pour le siége. Il reconnoîtra la place conjointement avec le Commandant des Ingénieurs, & ils en rendront compte au Général commandant le siége, de qui ils prendront les ordres.

6.

Établissement du parc.

DÈS que le front d'attaque aura été déterminé par les ordres du Général, le Commandant de l'Artillerie lui fera agréer la position du parc, ainsi que celles des dépôts généraux & particuliers qu'il aura reconnus.

7.

AUSSITÔT que les travaux du siége seront commencés, le Commandant en chef de l'Artillerie ira tous les jours chez le Général, pour l'informer de leurs progrès, lui proposer la construction des batteries dont il aura reconnu les positions, & recevoir ses ordres.

8.

CE Commandant rendra compte journellement au Secrétaire d'État ayant le département de la guerre, des progrès des travaux de l'Artillerie, & lui fera connoître par des plans, la position des batteries & la direction de leurs feux.

9.

LES Troupes du Corps-royal & celles de l'Infanterie qui seront destinées au service de l'Artillerie, camperont au parc & y fourniront les gardes néceſſaires aux ordres du Directeur: obſervant que les Mineurs doivent être chargés de la garde des poudres, juſqu'au moment où ils devront s'occuper de leur ſervice particulier.

10.

Fonctions des Commandans en ſecond.

Les Officiers généraux ou autres Officiers ſupérieurs qui ſeront nommés pour commander en ſecond l'Artillerie de ſiége, aideront le Commandant en chef dans ſes fonctions & le ſuppléeront au beſoin.

11.

Les Colonels, Lieutenans-colonels & Chefs de brigades qui ſeront employés au ſiége, à l'exception du Major & du Directeur du parc, rouleront enſemble pour le ſervice de la tranchée. Ils ſeront alternativement commandés pour viſiter & faire exécuter les travaux ordonnés par le Commandant de l'Artillerie, & ils pourvoiront à tout ce que les circonſtances imprévues pourroient exiger. Ils ſeront relevés toutes les vingt-quatre heures.

Le Commandant en chef de l'Artillerie pourra, ſuivant le nombre des Officiers ſupérieurs & les beſoins du ſervice, en faire commander pluſieurs par jour, lorſqu'il le jugera à propos.

12.

Diſpoſition du parc par le Directeur.

Le Directeur du parc, d'après les ordres qu'il aura reçus du Commandant en chef, diſpoſera de l'arrangement de ſon parc, pour que le ſervice s'y faſſe librement & ſans confuſion: Il rendra journellement compte à ce Commandant, des conſommations qui s'y feront; il le préviendra des remplacemens qu'il ſera à propos de faire, & il ordonnera ſeul du ſervice des Ouvriers. Les Officiers de ces compagnies ſeront affectés au parc, & le Directeur pourra les employer comme les autres Officiers qui ſeront attachés aux détails.

13.

Les batteries de canon ſeront conſtruites & ſervies par

TITRE X.

Service des compagnies de Canonniers & Bombardiers, & distribution des premières batteries.

les compagnies de Canonniers; celles de mortiers, obusiers & pierriers, le feront par les compagnies de Bombardiers: les unes & les autres rouleront entr'elles suivant l'ancienneté des Capitaines qui les commanderont; de sorte que le premier Capitaine de Canonniers aura la première batterie de canon qui sera tracée, le deuxième Capitaine aura la seconde, & ainsi de suite; on en usera de même pour les compagnies de Bombardiers.

14.

S'IL se trouvoit quelque compagnie dont le Capitaine titulaire fût absent, ou hors d'état de servir, le Commandant en chef du Corps pourra le faire remplacer, pendant la durée du siége, par un des Capitaines attachés à l'équipage.

15.

Service des escouades en batteries.

DANS le cas du service ordinaire, chaque escouade sera chargée de deux bouches-à-feu.

Les quatre Sergens de chaque compagnie, rouleront entr'eux pour qu'il y en ait toujours un à la batterie.

16.

CHAQUE escouade fournira à raison de deux hommes pour chaque pièce, soit pour la construction des batteries, soit pour le service des pièces; en observant que le Caporal, l'Appointé & les deux premiers Canonniers, roulent ensemble & soient commandés alternativement, pour que l'un d'eux soit toujours Chef de la partie de l'escouade qui sera employée chaque jour pour lesdites pièces, en sorte que le Caporal marchera avec le premier des Canonniers en second & deux Apprentis; l'Appointé sera ensuite commandé avec le deuxième des Canonniers en second & deux Apprentis, & ainsi de suite, jusqu'à ce que l'escouade ait coulé à fond.

17.

SI la compagnie a moins de huit bouches-à-feu à servir, dès qu'une escouade aura coulé à fond, elle sera relevée par une de celles qui n'auront pas encore servi.

Lorsque

Lorſque le nombre des bouches-à-feu ſera impair, la pièce qui ne ſera pas couplée, ſera ſervie par une demi-eſcouade, qui ſera relevée quand les Chefs de pièce de cette demi-eſcouade auront coulé à fond.

Dans le cas où les eſcouades ſeroient affoiblies par les pertes, on réduira le nombre des Chefs de pièces, de huit à ſix, ou même à quatre s'il eſt néceſſaire; & alors l'eſcouade au lieu de fournir au ſervice de ces pièces pendant quatre jours, n'y fournira que pendant trois ou deux jours.

18.

SUIVANT l'ordre de ſervice établi par les articles précédens, une eſcouade pourra dans tous les cas, ſervir deux bouches-à-feu.

19.

LORSQUE toutes les compagnies auront fait leurs batteries, & qu'il faudra en recommencer d'autres, les Capitaines dont les batteries ſeront éteintes, ſeront les premiers à marcher.

20.

SI, tous les Capitaines étant employés, il y avoit de nouvelles batteries à conſtruire, alors ceux des Capitaines qui auroient le moins de pièces, ou dont les batteries ſeroient les moins intéreſſantes, ne laiſſeroient de Canonniers dans leurs batteries, qu'à raiſon d'une eſcouade pour deux pièces, avec un Officier & deux Sergens pour les commander; & les autres Officiers marcheroient avec le reſte des eſcouades de la compagnie, pour conſtruire & exécuter la nouvelle batterie.

21.

ON obſervera, autant qu'il ſera poſſible, que les deux batteries faites par un même Capitaine, ſoient à portée l'une de l'autre; & pour cet effet, ainſi que pour d'autres raiſons, le Commandant pourra déranger l'ordre dans lequel les Capitaines devoient commencer de nouvelles batteries, & même faire faire, par une ſeule compagnie, le service de deux anciennes batteries, pour charger une compagnie entière d'en construire une nouvelle.

22.

Service des Officiers dans les batteries.

TOUS les Officiers de la compagnie, assisteront à l'établissement de la batterie, pour en reconnoître l'objet & le tracé ; ensuite le Capitaine gardera avec lui ceux qu'il jugera lui être nécessaires pour la faire construire ; & comme il doit répondre de la prompte exécution de sa batterie, il y restera jusqu'à ce qu'il soit sûr que le travail ne pourra souffrir de son absence ; & il s'y trouvera avec tous les Officiers de sa compagnie lorsqu'il devra mettre ses pièces en batterie : lorsque la batterie tirera, il règlera le nombre des Officiers qui devront y rester, en conséquence des ordres qu'il aura pris du Commandant.

23.

Communications aux batteries.

LORSQUE les batteries auront besoin de communication avec la tranchée, elles seront dirigées par les Officiers des batteries, & exécutées par les Travailleurs de l'Artillerie.

24.

Fonctions du Major de l'équipage d'Artillerie.

LE Major de l'équipage de Siége, fera les mêmes fonctions & détails dont est chargé le Major de l'équipage à l'Armée. Il recevra les ordres du Commandant de l'Artillerie de siége, pour les donner au premier Aide-major qui les portera au Directeur du parc, lequel y ajoutera ses demandes ; après quoi l'Aide-major ira les distribuer au cercle.

25.

Travailleurs à demander dans la ligne.

LORSQUE les Troupes du Corps-royal & celles qui y seront attachées, ne suffiront pas pour le service de l'Artillerie, le Major de ce Corps s'adressera au Major général de l'Infanterie, pour en faire fournir des bataillons de la ligne, le nombre dont on aura besoin.

26.

LE Major de l'équipage dressera un état des Travailleurs

qui auront été employés pendant le siége, pour le service de l'Artillerie. Cet état sera arrêté par lui, & vérifié par le Commissaire des guerres & du Corps-royal, pour servir à la décharge du Trésorier.

27.

Fonctions du premier Aide-major de l'Équipage.

Le premier Aide-major tiendra un registre exact de ces Travailleurs, en distinguant ceux que chaque Troupe aura fournis, & la nature de l'ouvrage auquel ils auront été employés : chaque Officier sous les ordres duquel ils l'auront été, donnera un certificat du nombre des Travailleurs, & du temps pendant lequel ils auront travaillé; & ce ne sera qu'après que le premier Aide-major aura visé ledit certificat, qu'ils pourront en être payés par le Trésorier : ce payement sera & demeurera fixé :

SAVOIR;

	Pour le jour.	Pour la nuit.
A chaque Travailleur, quinze sous pour le jour, & vingt sous par nuit, ci	$''^{l}$ 15^{f}	1^{l} $''$
A chaque Sergent de Travailleurs, trente sous pour le jour, & quarante sous par nuit, ci	1. 10.	2. $''$
A chaque Canonnier, vingt sous pour le jour, & vingt-cinq sous par nuit, ci	1. $''$	1. 5.
A chaque Sergent-major, Sergent & Fourrier de Canonniers, quarante sous pour le jour, & cinquante sous par nuit, ci	2. $''$	2. 10.

28.

Service des autres Aides-major de l'Équipage.

Le Major enverra tous les matins un Aide-major de l'équipage à l'Officier supérieur du Corps, qui sera de tranchée, pour recevoir ses ordres & aller ensuite, dans les différentes batteries, prendre l'état des détachemens qui y seront nécessaires, ainsi que des munitions dont elles pourroient avoir besoin, pour en rendre compte audit Major, ainsi qu'au Directeur du parc.

29.

Le Commandant de chaque batterie enverra au parc,

une ordonnance avec un état de tout ce qu'il sera nécessaire d'envoyer à sa batterie, assez à temps pour que le détachement qui doit le relever, puisse en apporter le tout ou partie.

30.

Relèvement des batteries.

LES batteries seront relevées deux heures avant la nuit; le premier soin des Officiers qui y arriveront, sera d'en examiner la direction: ils prendront connoissance de tout ce qui pourroit y être nécessaire pendant la nuit; & les Officiers relevés en feront passer l'état au Directeur du parc.

31.

Distribution des Travailleurs.

UN des Aides-major de l'équipage, ira tous les jours au parc, à l'heure à laquelle les détachemens s'assembleront pour relever les batteries: il les distribuera chacun à sa destination, & le Directeur du parc leur fera fournir tout ce qui leur sera nécessaire.

32.

Les Sapeurs camperont près du dépôt de la tranchée.

LES compagnies de Sapeurs camperont à portée du dépôt de la tranchée sitôt qu'elle sera ouverte, ainsi que les Volontaires de la ligne qui leur seront joints: leur Commandant sera aux ordres de celui du Génie; il enverra tous les jours pour leur service particulier, un Lieutenant en troisième chez le Major des Ingénieurs, & prendra lui-même, le plus souvent qu'il pourra, les ordres du Commandant de ce Corps.

Il enverra aussi tous les jours, un Fourrier chez le Major de l'Artillerie, qui sera chargé de pourvoir à leur subsistance.

33.

Service des Mineurs.

DÈS que les Mineurs commenceront à travailler aux préparatifs de la mine, ils seront relevés à la garde des poudres par les autres Troupes de l'Artillerie.

34.

LES outils & les approvisionnemens nécessaires aux Mineurs,

Mineurs, feront fournis, comme il eſt d'uſage, par le parc de l'Artillerie.

35.

Commandant des Mineurs, chargé perſonnellement de la direction des mines.

LE Commandant des Mineurs ſera chargé dans l'attaque, ainſi que dans la défenſe des Places, de tout ce qui pourra concerner la partie des mines; il propoſera ſuivant l'uſage, au Général commandant le Siége, les moyens, qu'il croira convenir le mieux aux circonſtances: il prendra ſes ordres immédiatement, & lui rendra compte de ſes opérations, qu'il aura ſoin de concerter toujours avec les Commandans de l'Artillerie & du Génie.

36.

Travailleurs de la ligne; à qui demandés.

LE Commandant des Mineurs enverra tous les jours, un Officier-major chez le Major des Ingénieurs, pour faire porter ſur l'état des Travailleurs à demander de la ligne, ceux qui feront néceſſaires au ſervice de la mine: il enverra également chez le Major de l'Artillerie, pour recevoir le mot & les ordres néceſſaires à la ſubſiſtance de ſa Troupe.

37.

Travaux des mines; par qui payés.

LES Mineurs feront payés de leurs travaux, ſur un état certifié par les Officiers qui les auront employés, & viſé par le Commandant de ce Corps: le prix toujours proportionné à la difficulté & aux dangers, ſera aſſimilé à celui qui aura été accordé pour les travaux des Sapeurs, & ſera arrêté de concert entre le Commandant du Génie & celui des Mineurs. Les Travailleurs qui feront fournis aux Mineurs par l'Infanterie, feront payés ſur les certificats des Officiers de Mineurs qui les auront employés, après avoir été viſés par l'Officier chargé de ce détail à la tranchée: le prix de leur travail ſera réglé de même par le Commandant du Génie & celui des Mineurs.

38.

Sergens de Mineurs, ne feront plus attachés aux Ingénieurs.

LES Sergens des compagnies de Mineurs, n'en feront plus tirés pour être attachés aux Ingénieurs; Sa Majeſté jugeant à propos de déroger à l'article 36 de son Ordonnance du 10 mars 1759.

39.

Fonctions du Commissaire des guerres & du Trésorier attachés à l'équipage de Siége.

LE Commissaire des guerres & le Commis du Trésorier général du Corps-royal, attachés à l'équipage de Siége, y feront les mêmes fonctions que celles qui sont prescrites aux Commissaires des guerres & aux Trésoriers employés à la suite des équipages de campagne.

40.

QUAND la Place sera sur le point de se rendre, le Commandant de l'équipage de siége, proposera au Général de l'armée, les Officiers du Corps-royal qui devront aller reconnoître & mettre en ordre les magasins, & tout ce qui concerne l'Artillerie de la Place.

41.

LES Officiers destinés au service de cette Place, y seront installés par l'Officier supérieur du Corps-royal, qui sera détaché pour cette opération, le jour de la reddition de la Place; & le Commissaire des guerres & du Corps-royal s'y trouvera en même temps.

42.

CET Officier supérieur traitera du rachat des cloches qui se trouveront dans la Place, de concert avec un autre Officier qui sera nommé à cet effet par le Commandant de l'équipage, & avec le Commissaire des guerres & du Corps-royal. Le prix de ce rachat sera remis entre les mains du Commis du Trésorier général de l'Artillerie, pour être ensuite distribué, sur les ordres du Secrétaire d'État ayant le département de la guerre, aux Officiers & Employés de l'Artillerie qui auront assisté au siége, ou qui auront fait les convois pour l'approvisionnement dudit siége.

43.

ON procédera aussi sur le champ, suivant l'usage ordinaire, à la reconnoissance & à l'inventaire provisionnel des effets & munitions d'Artillerie qui seront dans la Place, & dont on chargera le nouveau Garde qui sera nommé. L'Officier supérieur du Corps-royal, sous les ordres duquel s'exécuteront tous les arrangemens qui y sont relatifs, restera dans la Place jusqu'à la clôture de l'inventaire.

44.

AUSSITÔT que le Commandant de l'équipage aura reçu ledit inventaire, il en adressera copie au Secrétaire d'État ayant le département de la guerre.

MANDE & ordonne Sa Majesté aux Officiers généraux ayant commandement sur ses Troupes, aux Gouverneurs & Lieutenans généraux dans ses provinces, aux Gouverneurs & Commandans de ses villes & places, au premier Inspecteur & Inspecteurs généraux du Corps-royal de l'Artillerie, aux Intendans dans ses provinces, sur ses frontières & dans ses armées, aux Commissaires des guerres & du Corps-royal de l'Artillerie, & à tous autres ses Officiers qu'il appartiendra, de tenir la main à l'exécution de la présente Ordonnance qui aura lieu à commencer du 1.er Janvier 1777; dérogeant à toute autre qui pourroit lui être contraire.

FAIT à Fontainebleau le trois Novembre mil sept cent soixante-seize. *Signé* LOUIS. *Et plus bas,* SAINT-GERMAIN.

www.ingramcontent.com/pod-product-compliance
Lightning Source LLC
LaVergne TN
LVHW012009220826
846092LV00001B/286